BARCELONA

EX·LIBRIS
ALICE KRINGSTEIN
THE COOPER UNION
BFA : 1953

VER
BARCELONA

Textos
Pere Calders

Fotografías
F. Català Roca

Ediciones Destino

© EDICIONES DESTINO, S.A.
Consejo de Ciento, 425 - 08009 Barcelona
Traducido por Mercè Pons
Primera edición: octubre 1984
Segunda edición: junio 1985
ISBN: 84-233-1326-3
Depósito legal: VI. 178-1985
Fotograbados Reprocolor Llovet, S.A.
Impreso y encuadernado por
Heraclio Fournier, S.A. - Vitoria
Impreso en España - Printed in Spain

Una antigua ciudad condal

Cuando empecé a escribir este libro sobre Barcelona sentí la tentación de hacerlo en forma de cartas a una amante. A una amante difícil, un poco esquiva, de aquellas amantes que nunca sabes si corresponden a los amores que despiertan, pero que se nos meten en el corazón para siempre.

Sin embargo, el estilo epistolar es un recurso muy socorrido y quizá en este caso resultaría inadecuado. Unas cartas sin esperanza de respuesta significan la mitad de todo lo que podríamos decir en una conversación escrita, algo así como hablar solo, que suscita desconfianzas. Prefiero valerme de los recuerdos y de las imágenes profundamente grabadas en mí por la nostalgia. Porque la nostalgia que he sentido de Barcelona ha sido enorme, durante casi un cuarto de siglo de verme separado de ella por un inmenso océano. La nostalgia pule los recuerdos, los recompone, es algo así como un cedazo que sólo permite pasar por él la parte fina. Aquello que en el momento de vivirlo es más bien desagradable se instala en el recuerdo y se transforma milagrosamente; la nostalgia le sienta bien y llega una etapa en la que su evocación nos serena el espíritu.

Existen muy buenas guías de Barcelona, y disponemos de excelentes historias de nuestra ciudad. En este aspecto, no sería válido recurrir a la excusa de unos vacíos que hay que llenar, y, además, la pretensión de ser yo quien lo intenta sería imperdonable, porque disponemos de buenos conocedores y especialistas de primera categoría. Por otra parte, este libro tiene un carácter perfectamente definido y no sólo por intervención mía: las fotografías que lo acompañan poseen un poder propio capaz de arrastrar al texto. He creído que mi aportación podía ser la de un testimonio que, en el estado actual de la técnica, todavía no puede ser fotografiado.

Por puro azar, por circunstancias que no dependían de mi derecho a escoger, ocurre que nací a principios de este siglo que se está terminando, en una equidistancia de décadas que convierte mi vida en un observatorio estratégicamente situado, incluso durante las etapas de alejamiento físico, porque es bien sabido que la distancia, algunas veces, colabora en ampliar la visión panorámica de las cosas.

Los olores

He aquí un elemento que surge espontáneo, con fuerza, en el momento de excavar en los recuerdos. Es increíble hasta qué punto

En la Edad Media, los gremios artesanales dieron nombre a calles y a barrios.

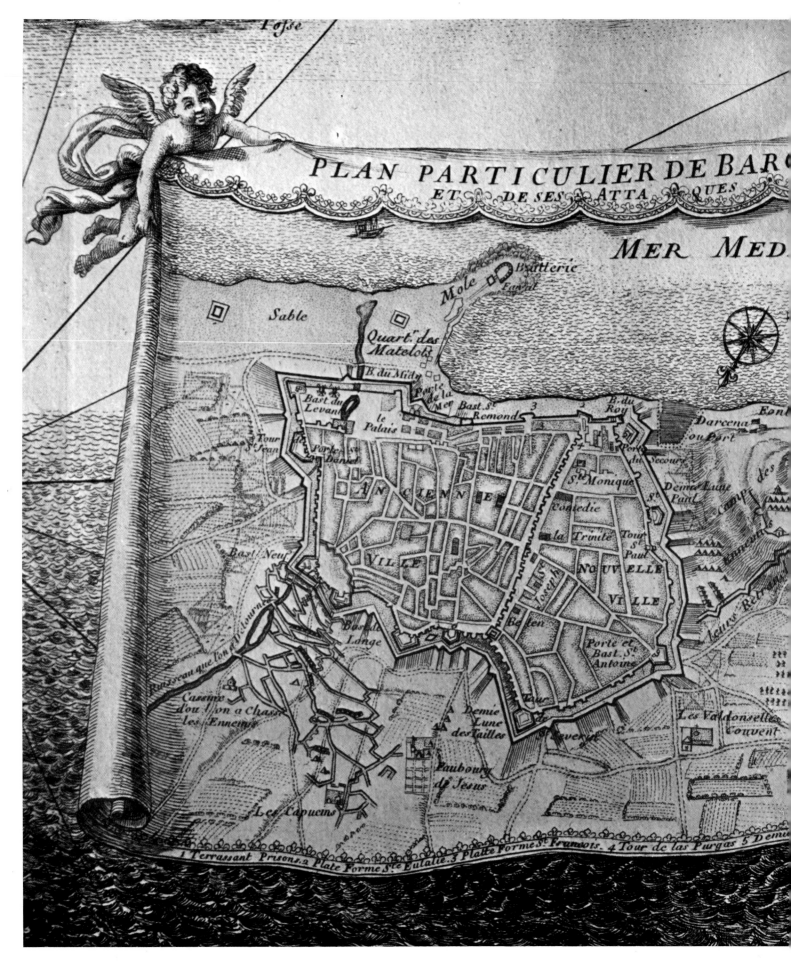

PLAN PARTICULIER DE BAR...
ET DE SES ATTA...QUES

MER MED...

Fosse

Sable

Mole

Batterie
Fanal

Quart.er des
Matelots

B. du Midy

Bast. du
Levant

le Palais

Porte de la Mer

Bast. St.
Remond

3

5

B. du
Roy

Darcena
ou Port

Font...

Tour
St. Jean

Porte Ste.
Daniel

St. Monique

Porte
du Secours

Demie Lune
St. Paul

camp des

ANCIENNE

Comedie

St.

VILLE

la Trinité

Tour
St. Paul

Bast. Neuf

Joseph

NOUVELLE

leurs Retran...

Bast. de la
Longe

VILLE

Ruisseau que l'on a Détourné

Porte et
Bast. St.
Antoine

Bastion

Cassine
d'ou l'on a Chassé
les Ennemis

Tour
de

St.

Les Valdonselles
Couvent

Demie
Lune
des Tailles

Faubourg
de Jesus

Les Capucins

1 Terrassant Prisons. 2 Plate Forme Ste. Eulalie. 3 Plate Forme St. François. 4 Tour de las Purgas 5 Demie...

6

Plano de Barcelona de 1698.

Los patios de entrada de las casas señoriales de la Ciutat Antiga ofrecen muestras muy interesantes de la transición de estilos.

los olores ocupan un lugar en el misterioso mecanismo de la memoria. Podemos guardarlos durante años sin saber que están ahí y, de repente, un efluvio aparentemente olvidado nos abre un enorme ventanal y reaparece un escenario lleno de vida, con colores brillantes y figuras en movimiento.

Cuando era niño, casi en cada esquina de Barcelona había unas tiendas inconfundibles, indispensables, que caracterizaban a los distintos barrios. Se trataba del famoso "tendero de la esquina", hoy en trance de desaparecer, devorado por los supermercados impersonales y grises a pesar de su iluminación fluorescente. De buena mañana, el tendero de la esquina abría las puertas de su comercio y sacaba a la calle una máquina de color negro, cilíndrica, con manecilla gruesa y chimenea, que recordaba un poco las anticipaciones de Julio Verne para ir a la luna. Un aprendiz con una bata azul de obrero, o tal vez de hospiciano (no quedaba muy claro), iba girando la manecilla para tostar el café del día. El aroma subía por las fachadas hasta llegar a los balcones, fluía por pasillos y patios de luz, ascendía por huecos y escaleras hasta llegar a cada piso y vivienda anunciando el inicio de la jornada. Nos despertaba a todos con una gran ansia de respirar a fondo, lo cual nos llenaba de estímulos. Se iniciaba el trasiego cotidiano, y la cocina, que por aquellas épocas era un punto básico de la unidad familiar, se ponía en marcha. El olor a teas, a carbón y a café con leche contribuía a despabilarnos. Todo se nos aparecía lleno de promesas. La madre mandaba a un hijo o a una hija por el pan y, si era preciso, por unas ensaimadas o un trozo de tarta de azúcar. La panadería olía a pan caliente y a leña encendida, estimulando los sentidos. En las panaderías era costumbre dar *torna* (añadidura): un trozo de pan añadido al peso de la compra, que era especialmente apetitoso. De vuelta a casa, el emisario tenía el derecho, tácitamente reconocido por la familia, de degustar la *torna*, lo cual era, ciertamente, una de las grandes delicias que compensaban la molestia de hacer encargos a esa hora.

Los olores llenaban el barrio. Incluso olía de manera especial la cartera de ir a la escuela, la madera de los lápices, la goma de borrar, los cuadernos... Existía un olor determinado para definir cada momento del día. Si entornaba los ojos, el habitante de un barrio podía situar los lugares guiándose por el olfato: cada tienda tenía su olor, el de los productos que vendía, conviviendo todos ellos civilizadamente. Era como una cierta publicidad a través de los sentidos, un anticipo –afortunado– de la publicidad masiva que no tardaría en agobiarnos.

Quizá resulte un tanto extraño empezar a hablar de una ciudad refiriéndose a los olores, pero no lo es tanto si se tiene en cuenta que todo ha sufrido un cambio radical. La era del automóvil y la industrialización delirante han impuesto un mal olor único que permite que todas las grandes ciudades del mundo sean cada día más iguales gracias a sus emanaciones. La contaminación es nociva para el cuerpo y para el espíritu, despersonaliza y enferma a los ciudadanos. A partir de ahora es difícil que el olor a gasolina quemada o el de la combustión de productos derivados del petróleo nos evoque lugares concretos, porque el fenómeno resulta igualador y uniformista, ocupando continentes enteros.

Antes era distinto. Cada estación del año era precedida por los heraldos de sus olores peculiares, y todos colaboraban con la naturaleza –que todavía no había huido de las ciudades– con esas contribuciones que siempre acudían a sus citas puntuales. Por ejemplo, el tendero de la esquina y su aprendiz de bata azul, cuando se aproximaban las fiestas de fin de año, sacaban otra máquina también de color negro (pero de distinta forma) y la colocaban al lado o muy cerca de la tostadora de café. Y empezaban a fabricar barquillos a la vista del público, siguiendo el ritual de una artesanía que no escondía nada a nadie. Ventanas, puertas, escaleras, patios y balcones abrían su rendija para dar entrada al olor de los barquillos, y la gente, con cierta exultación interior, se decía: "Mira, llega la Navidad".

Barcelona tiene merecida fama de haber crecido de espaldas al mar. Pero el mar es algo muy serio. Se resiste a desaparecer y, durante mucho tiempo, de cara al verano, proyectaba su olor por encima de los edificios que cercaban el puerto, esparciéndolo por la ciudad casi hasta la ladera de la montaña. Era como una llamada a la que respondían gran parte de barceloneses que, poniendo a punto sus recuerdos –con cita previa– frecuentaban pintorescos establecimientos que ofrecían baños de piscina y oleaje, alquilaban corchos y calabazas a las familias prudentes, además de garantizar su protección contra las delicuescencias de la carne: los hombres a un lado y las mujeres a otro, porque las delicias del baño no debían poner en entredicho los principios morales. Y, además, estaban los niños... Durante mucho tiempo se puso de moda que los médicos aconsejaran el yodo del mar como prevención contra la escrofulosis, consejo en el que los padres depositaban gran confianza. En verano llevaban a los niños a las playas cercanas, convencidos de que la combinación magistral entre la helioterapia y la hidroterapia (dos palabras que tuvieron gran predicamento) realizaba prodigios. Juraría que he retenido el olor del mar bajo la sugestión de poderlo aspirar confiadamente. Y lo asocio a otros olores que completan una época y un momento, como un grabado de trazos profundos. El verano tenía un olor peculiar, como lo tenían también el otoño, el invierno y la primavera. No era sólo una cuestión de la naturaleza: intervenían en ello las costumbres y la historia. Quizá a causa de una tradición gremial que en su día hizo mella, algunos barrios concentraban almacenes y tiendas del mismo ramo (la competencia debía de tener otro sentido) ofreciendo un toque especial al olfato. Cuando yo iba a Llotja pasaba por unas calles repletas de enormes comercios de granos y semillas, de cereales exhibiéndose en grandes sacos colmados. Desde entonces, el arte, principalmente el académico, se me aparece ligado al recuerdo de efluvios gramíneos.

El pasado colonial subsistía en unas tiendas que llevaban el nombre –o el subtítulo– de "Ultramarinos". Esta palabra me hacía soñar en

En épocas no demasiado lejanas, los barceloneses (o una buena parte de ellos) eran unos fanáticos de hacer volar a las palomas. Los más emprendedores construyeron unos palomares que todavía hoy producen escalofríos a los arquitectos de carrera.

grandes aventuras marinas y remotas tierras, con la ayuda del olor de especias exóticas. Otras calles aglutinaban negocios ligados con industrias del país, y las balas de algodón emanaban un fuerte olor, un olor persistente. No me atrevería a calificarlo de maloliente, porque tenía cierta nobleza.

Incluso la electricidad emanaba sus esencias. Los tranvías, por ejemplo, olían a electricidad, especialmente cuando tomaban una curva muy cerrada o en los días lluviosos. Aparentemente, no es una estampa olfativa excesivamente romántica, pero formaba parte del conjunto. Aunque parezca mentira, todo era coherente. O, por lo menos, en mi recuerdo, sirve para evocarme un tiempo y una ciudad: la mía.

Los bares olían a vermut y a aceitunas rellenas, mezclándose con otro olor difícil de definir: el de un trapo húmedo pasado y repasado machaconamente por encima de mesas y mostradores de mármol. Los herbolarios (que tanto abundaban) daban la impresión de que tuvieran el poder de curar tan sólo con oler profundamente al pasar por delante de sus tiendas.

La lista sería interminable, infinita. Sólo añadiré que un ciudadano –ya lo hemos dicho– con un buen olfato nunca podía perderse. Tal establecimiento, aquella calle e, incluso, ese barrio...

¿Tiene, hoy, sentido hablar de estas cosas? Me imagino que sí, porque se trata de algo perdido que, probablemente, nunca volverá. Ahora todo huele al modo uniforme y gris del monóxido de carbono. Si obligáramos a aquel hipotético ciudadano de los ojos cerrados a dar unas cuantas vueltas desorientadoras, sería incapaz de reconocer –oliendo solamente– si se hallaba en el Poblenou o bien en Detroit. Sin duda, hemos salido perdiendo.

Además, estamos en plena era de los productos envasados. Nos han convertido en escépticos, y nadie se entretiene ya oliendo una caja de cartón parafinado, tratando de comprobar si, ciertamente, contiene leche de la Cerdanya. A lo sumo, leeremos la etiqueta para ver si descubrimos una fórmula, como si nos halláramos en el trance de adquirir un medicamento contra el reúma. Las tiendas, en general, y si hay suerte, son inodoras. ¿Hemos salido ganando?

Sea como quiera, vuelvo a mi servidumbre de amante incondicional que he expresado al principio. Barcelona me gusta y la quiero tal y como es. Seguramente esto también le ocurre a cualquier ciudadano de cualquier ciudad del mundo. Pero que cada cual se ocupe de lo suyo, que bastante trabajo ha de costarle.

El crecimiento

Es curioso el interés que nos despierta, en uno u otro momento de nuestra vida, el conocimiento de cómo y cuándo empezó el lugar donde nacimos. Ya he anunciado que no voy a hacer historia –porque está hecha–, pero no puedo por menos que caer en las meditaciones que

Los comercios establecidos y los puestos callejeros conviven pacíficamente en los barrios

viejos de la ciudad, lo cual
contribuye a darles un
carácter muy singular.

suscita el extraño orgullo de la antigüedad, como si todo el mundo, en todas partes, no viniera de muy lejos. Recuerdo que siendo niño, en la escuela, un día supe que una de las versiones sobre los orígenes de Barcelona atribuía su fundación a Hércules. ¡Cualquier cosa! En aquella época, la de mi niñez, Hércules equivalía al "Supermán" de los niños de hoy. No era tan popular, no contábamos con los medios de divulgación actuales, pero cuando en clase nos informaban de las prodigiosas aventuras del semidiós (y nos leían *Oda a Barcelona*, de Verdaguer), nos sentíamos importantes. Supongo que la sensación de superioridad de la aristocracia proviene de reacciones tan pueriles como ésta.

En cualquier caso, no se nos ocultaba que nuestra ciudad era verdaderamente antigua. Nos llevaban al Centre Excursionista de Catalunya, para ver las columnas del templo romano de Augusto y, de paso, nos hablaban del Mont Taber (lo teníamos a nuestros pies) y del nombre ampuloso, grandilocuente, que llevaba nuestra ciudad cuando era romana: *Faventia Julia Augusta Pia Barcino*. A la fuerza tenía que ser importante y atractiva, ya que, de lo contrario, los romanos no se hubieran tomado la molestia de bautizarla tan pomposamente. Los maestros nunca olvidaban explicarnos que nuestra ciudad tenía, como mínimo, veinte siglos de historia. Cuando uno es pequeño, de corta edad, dos mil años se le aparecen como una abrumadora montaña de tiempo. Más adelante, a medida que uno va creciendo, se endurece y llega a la conclusión de que nadie puede presumir de privilegios y que la línea de salida debía de ser igual para todos: el Paraíso o la lenta evolución de la especie, según las creencias o los conocimientos de cada uno. Con todo, veinte siglos son veinte siglos. ¡No está mal!

Yo hice entonces el descubrimiento, que siempre me ha intrigado, de que las ciudades se van formando por capas, como las perlas dentro de las ostras. Y resulta que bajo la Barcelona romana había existido una cartaginesa, que puede que se llamara Barcanona (¡vete a saber!), y debajo otra griega, que también es posible que hubiera enterrado a otras anteriores. La verdad es que el lugar es agradable, invita a establecerse en él. Por lo menos es lo que me parece a mí, que soy parte interesada. Posteriormente, todo el mundo lo sabe, cada giro histórico, cada envite civilizador, ha ido añadiéndole estratos, en un para mí misterioso afán de soterrar con tierras y piedras todo lo que nos han ido dejando nuestros antecesores. De ahí surge –me imagino– que una de las principales tareas de los arqueólogos consista en cavar constantemente para ver qué es lo que hallan debajo. Durante mucho tiempo tuve la duda de si se trataba de un fenómeno natural o si era debido a que el hombre es una especie de insecto enterrador. En realidad, hay un poco de todo, pero un análisis reflexivo nos llevaría a ver que las ciudades han crecido encima de sí mismas por culpa de las murallas. Se comprimían, no se arriesgaban a salir de las paredes protectoras, lo cual les obligaba a amontonarse, a ir sobreponiendo capas urbanas. En cuanto se dieron cuenta de que las murallas ya no servían (y eso debemos agradecérselo a la artillería), acordaron derruirlas. Las ciudades se expandieron, muchas de ellas en forma de olas concéntricas y calcando la estructura primitiva. Una simple mirada al plano de Barcelona nos permite ver que el antiguo recinto fortificado, el polígono irregular constituido por las Rondes, se reproduce, considerablemente ampliado, en otro polígono a escala mayor: el que está formado por las avenidas del Paral·lel, Infanta Carlota, Diagonal y Meridiana. Al sudeste, la frontera del mar, un freno que detiene las ansias de crecimiento. La montaña, en cambio, es más accesible, y Barcelona la irá escalando con cierta avidez.

Estos procesos, que suelen ser lentos y pasan un poco desapercibidos a sus protagonistas, hacen que las ciudades con antigüedad histórica se conviertan en una especie de recopilación de muchas ciudades, con muestras, peor o mejor conservadas, de las distintas etapas. Más bien peor, porque lo que he dicho antes del hombre-insecto enterrador, aunque no es del todo exacto, es una buena aproximación: cada generación reacciona contra los gustos de sus predecesores inmediatos entregándose a una alegría correctora que resulta, a menudo, liquidadora. Evidentemente, hay que contar también con el factor del envejecimiento natural, pero lo cierto es que el hombre ayuda lo suyo. Los lamentos vienen después, saltando unas cuantas generaciones, cuando los arrepentimientos llegan tarde a la cita. Entonces, las ganas de salvar lo que se pueda caen por el lado museístico y las piedras, por ejemplo, van a parar a vitrinas, que no es el lugar que más las favorece.

De todas maneras, en Barcelona tenemos migajas de ciudad romana, pedacitos de ciudad románica, una muestra sumamente estimable de ciudad gótica, las callejuelas de difícil clasificación estilística comprimidas por las murallas medievales, una cata de ciudad renacentista, una ciudad modernista (exquisita y maltratada), una ciudad de arquitectura correspondiente a la expansión industrial, una ciudad testimonio de la época utilitaria (el famoso concepto de la casa-máquina de vivir) y la ciudad nueva, con curiosas y horribles fachadas de plástico. Me olvido de alguna, en parte porque estas listas corren el riesgo de cansar si quieren ser minuciosas y exhaustivas y, en parte, porque un aspecto de la ciudad que reflejó el despegue del arte imperial fascista prefiero dejarlo de lado. Si de mí dependiera, en este caso sí actuaría como insecto-enterrador.

Todo junto forma un caos lleno de encanto. Sí, ya sé que puede parecer insólito que una cosa caótica resulte encantadora, pero éste es uno de los prodigios de Barcelona. He conocido grandes ciudades del mundo que, según los cánones de belleza urbanística, generalmente aceptados, nos dan ciento y raya. Pero he visto muy pocas –quizá ninguna, pensándolo bien– donde el gozo de pasear conduzca a la fascinación de un viaje a través del túnel del tiempo. Un viaje con varias estaciones y varias paradas. Desde luego, no se me oculta el valor relativo de una afirmación como ésta, formulada por un barcelonés. Admito que un ciudadano de cualquier ciudad, del continente que sea, tiene motivos

Los escenarios nostálgicos se prestan a personajes tradicionales en trance de desaparición. El sacerdote vestido a la manera preconciliar pasea —o así lo parece— con la mirada perdida y un papel en la mano, que quién sabe si es el borrador del sermón que lo tiene meditabundo.

sentimentales tan poderosos como los míos para ponderar las gracias del lugar donde ha nacido, lo cual es obvio, pero no me intimida, porque sería capaz de concursar en un desafío de itinerarios. La aventura de un recorrido Barri Gòtic-Ciutat Antiga-Eixample-Part Alta, que puede hacerse en poco más de una jornada explorando por los cuatro puntos de la rosa de los vientos, me permitiría concursar confiadamente.

Barri Gòtic-Ciutat Antiga

E s casi imposible decir algo sobre el Barri Gòtic que no se haya dicho ya. Y, por contra, tiene el poder de sugerir siempre unas sensaciones que se renuevan.

Las ciudades actuales tienen –entre otras cosas– la mala fama de los ruidos. Son ensordecedoras, aturden. Además, se caracterizan por las prisas: corren los vehículos, corren las personas y corre el tiempo. Nos hacen sentir efímeros.

Las islas son objeto de opiniones contradictorias. Por una parte se aprecia su aislamiento –hacen honor a su nombre–, especialmente si son pequeñas. Pero, por otra, esta misma condición las hace inconvenientes: no se puede llegar hasta ellas andando y siempre dan la impresión de estar lejos, por más que en muchas ocasiones los mapas quieran convencernos de lo contrario.

Imaginemos una isla pequeña, bien comunicada, que está muy cerca y a la que pueda llegarse paseando, sin afrontar el trasiego de las olas, teniendo unas fronteras bien marcadas, como las tienen las costas de las islas que presumen de serlo. Traspasar estas fronteras por cualquiera de sus puntos significa la inolvidable experiencia de entrar en un mundo distinto. La ciudad apresurada y ruidosa está ahí mismo, pero, de repente, queda lejos, incluso en el espacio y en el tiempo. Ciertamente, éste es el efecto que produce. Al entrar en el Barri Gòtic moderamos instintivamente el paso experimentando una paradójica impresión de que, de entrada, es difícil de definir: oímos el silencio. No se trata de un silencio total, evidentemente, pero los sonidos ya no son ruidos: nos llegan aterciopeladamente. Ejercen una marcada acción sedante. Reencontramos un repique de campanas olvidado, que señala unas horas o llama a los fieles, con una discreción de badajos antiguos que aprendieron a no ensordecer a nadie. El pasado se nos torna presente en un momento, y es un pasado que reconforta, diríamos que es de los que nos hacen bien. El gótico catalán es sobrio, austero, no llegó a enmohecerse como ocurrió con otros góticos y mantuvo su fuerza sin renunciar a detalles llenos de gracilidad. Además poseía un sentido de la grandeza que nos sorprende a medida que nos hemos ido encogiendo como pueblo: el denominado mirador o torre del rey Martí, ahora y en el lugar donde está, produce la impresión de un intento de rascacielos medieval, una arquitectura civil que no necesitaba el incentivo religioso para ir

La publicidad es algo que nos parece muy actual, muy de nuestros días. Pero lo cierto es que viene de lejos. El dueño de esta antigua tienda de confecciones compone el maniquí destinado a atraer a los clientes.

Otro ejemplo de propaganda sin ambigüedades. Un grifo monumental empotrado en la fachada indica claramente los servicios que ofrece el comercio que hay debajo.

trepando, piedra sobre piedra. Y la sala del Tinell es el testimonio de un pueblo que, sin duda, no se sentía ciudadano de un país pequeño, por descontado, puesto que requería grandes espacios para las reuniones de sus Corts, para los banquetes y grandes solemnidades.

El Barri Gòtic cubre un área poco extensa, pero muy intensa. Ha sufrido, inevitablemente, aquella enfermedad de las ciudades, que se autodevoran a base de soterrarse a sí mismas. Es un barrio que ha sido víctima de mutilaciones y tijeretazos, pero es tan significativo que lo que queda constituye una visita obligada, gratificante, una lección viva de arte e historia. Nadie puede decir que conoce –o que ha visto– Barcelona si no dedica unas horas a esta parte tan entrañable de la ciudad. Antes me he referido al Palau Reial Major y a sus dependencias, pero no es todo. La visita al barrio nos ofrece otros atractivos, a veces edificios enteros, construcciones en las que vale la pena entrar, como, por ejemplo, la catedral, en la que –insisto– es preciso entrar, porque contemplarla sólo por fuera, especialmente la fachada, induce a engaño pese a que el turismo insista en fotografiarla.

El Barri Gòtic también fue culpable del pecado de las piedras que cubren otras piedras. Resulta que justo debajo de él están los restos de la Barcelona romana que, por más que duela reconocerlo, ha perdido su capacidad de lección viva. Quizá se deba al hecho de que quedó sepultada y ya no le alcanza la clara luz mediterránea. Hay que bajar a ella por escaleras y subterráneos, recuerda mucho unas catacumbas, lo cual aleja cualquier sentimiento de vida. Pero la lección está ahí, naturalmente, y sería imperdonable no aprovechar la oportunidad de estudiarla, dejándose llevar por las reflexiones que suscita.

La visita al Barri Gòtic es densa, no puede liquidarse en un santiamén. Hay que volver una y otra vez, lo cual crea en los barceloneses una especie de hábito que conservan a lo largo de su existencia, como una romería periódica. Para los forasteros es un punto imprescindible del itinerario, un lugar fotogénico –y conste que no lo digo a modo de frivolidad– que debe figurar en su álbum de recuerdos perdurables. Los palacios de nuestras instituciones de gobierno, los de nuestra antigua nobleza, los edificios religiosos y civiles, los museos, todo un poco junto y mezclado, abierto a la pública curiosidad. Dado que el propósito del presente libro no es convertirse en una guía o en un resumen de historia (ya he dicho que disponemos de textos muy útiles y mucho más cómodos de llevar en el bolsillo), lo único que me parece oportuno es recomendar la mayor atención y cierto recogimiento, lo cual nos permitirá la maravillosa aventura de sumergirnos en el pasado. Y aprender de él muchas cosas...

La Ciutat Antiga

La zona es francamente sugestiva. Como aquellas muñecas rusas que van abriéndose y cada una de ellas contiene otra, el Barri

Gòtic está cercado por la Ciutat Antiga, denominación que no se sabe hasta qué punto es ortodoxa, pero que define la compacta urbanización de la antigua ciudad fortificada. Cerca del mar, pero fingiendo no verlo, porque el Mediterráneo era a la vez su ruta de expansión y el peligro de posibles invasiones o ataques. Quizá por esta causa Barcelona parece, todavía hoy, un poco recelosa de la mar, como si se tratara de un ser muy querido, pero no fiable del todo. No puede prescindir de ella, pero quiere aparentar cierta distancia, que es fatal para los amores, por muchas canciones que digan lo contrario. Parece como si, durante muchos años, la ciudad se hubiera querido proteger de la tentación de puertos y playas, volviéndose de cara al monte, pero sin acabar de decidirse tampoco a emprender el ascenso, lo cual la ha comprimido durante un largo período, y su resultado tangible, que todavía subsiste, es la Ciutat Antiga. Nuestros conciudadanos de pasadas épocas (no muy lejanas) prefirieron apretujarse en el reducido espacio que se habían asignado, en vez de probar las extensas lindes marineras o subir calles y casas por las colinas cercanas. Ello ha dado lugar a una de las concentraciones urbanas más apretujadas de la Tierra, pero también a un barrio lleno de un encanto especial. El placer de pasear y soñar tendría, en este lugar, un campo adecuadísimo, a no ser por el tránsito rodado que lo convierte en un pequeño martirio. Las calles son estrechas y los bordillos puramente simbólicos: hay que andar por ellos de perfil y con cuidado, a menudo con un pie arriba y otro abajo, procurando que el que se mantiene sobre los adoquines no se distraiga y conserve la ligereza necesaria para esquivar los coches.

Anteriormente he hablado de los olores evocadores. En la Ciutat Antiga hay que añadir un ingrediente que, aparentemente, debería romper las oraciones. Me refiero a los fuertes olores debidos a un sistema de desagües que ya ha dado de sí todo lo que podía, y a unas posibilidades de la higiene colectiva que actualmente ya han quedado superadas. Josep Pla, en *Coses vistes* (un libro extraordinario) define magistralmente la rara combinación olfativa del distrito quinto, en el cual un sistema de cloacas apelmazado por el peso de los años desprende unas emanaciones que conviven con los perfumes del champú, producto de una industria barata. Un juicio precipitado y, sobre todo, una falta de conocimiento directo del fenómeno, podría inducir a sacar conclusiones que en modo alguno colaborarían a clarificar la realidad. La mezcla, inventariada por escrito, escama, francamente: callejuelas estrechas, aceras no aptas para los transeúntes de ahora, tránsito mecanizado que perturba y, como elemento ambiental de fondo, un fuerte olor que flota en el aire. Visto así, y considerándolo fríamente y desde lejos, todo ello nada tendría que ver con el gozo de pasear al que acabo de aludir. Pues sí que tiene que ver. Las cosas como son, a pesar de los pequeños martirios. O quizá gracias a ellos. La Ciutat Antiga es una muestra de vieja población mediterránea que todavía funciona. Con dificultades, pero vive. Actualmente, las asociaciones de vecinos, los centros culturales y las fuerzas vivas en general se ocupan y se preocu-

Una enorme camisa es insustituible como emblema de un bazar llamado La Gran Camisa.

15

Hasta hace pocos años, las fuentes de Barcelona contaban con la confianza de los ciudadanos. Algunos de ellos se resignaban a largas caminatas y hasta a hacer cola para recibir los beneficios de las más famosas.

pan por salvar lo que se pueda de este prodigio de supervivencia. Deseémosles suerte y acierto, aunque sólo estén en la etapa de las buenas intenciones y de los proyectos. Lo primero que se nos ocurre es cerrar la zona al tránsito rodado. Inmediatamente después, pulir, limpiar, apuntalar... Existen unos modelos a considerar que debemos tener en cuenta, especialmente aquellos que nos muestran unos países que nos llevan la delantera en cuestión de iniciativas, como, por ejemplo, Francia. Los franceses han hecho cosas notables con sus monumentos nacionales, a base de restaurarlos, iluminarlos y dotarlos de voces en *off* y de música de fondo. Está bien, son cosas que despiertan el espíritu de emulación. Es posible que nuestros beneméritos salvadores de historia deban de tenerlo presente. Si a la Ciutat Antiga se le llegaran a aplicar ideas similares, debería irse con mucho cuidado. Convertir en escenografía (pongamos por caso) la ropa tendida de un balcón junto a otro, a través de callejuelas que no tan sólo reclaman sino que exigen la promiscuidad, puede resultar una empresa muy arriesgada. Me percato de que la comparación es elíptica, retorcida, pero lo cierto es que planear reconstrucciones supone tener que enfrentarse con grandes problemas. Maquillar piedras viejas y ponerlas bajo reflectores requiere coraje, y si, además, se pretende la loable idea de revivir y conservar el ambiente idóneo, el planteamiento puede conducir a respetables peripecias. Es impresionante lo que los franceses han realizado en el palacio de Versalles, a base de luces sabiamente repartidas y de equipos de sonido que evocan ruidos descriptivos, voces de personajes y melodías de las épocas de esplendor del recinto. Pero, ¡quién sabe!... La profesión relativamente moderna de historiador-restaurador-arqueólogo me imagino que debe de tener disciplinas y descubrimientos en común. Respecto a la Ciutat Antiga de Barcelona, el ambiente no estaría completo si se dejara de lado la fuerza reminiscente del olfato. Nos hemos acostumbrado a pagar entrada para visitar los lugares que han recibido el beneficio protector de los expertos, y se me ocurre una especulación de futuro: si llegara el día de convertir la Ciutat Antiga en un museo al aire libre, creo que en la taquilla deberían dar a los visitantes, junto con el billete de entrada, un pequeño aerosol que permitiera la reconstrucción de los efluvios contradictorios que nombraba Josep Pla en *Coses vistes*.

De cualquier modo, va para largo, la tarea es mucha. Por el momento, es posible pasear por la Ciutat Antiga en un estado natural, lo cual recomiendo. Ignoro si he transmitido al lector mis sensaciones, o sea, que incluso existen inconvenientes que resultan imprescindibles para situarse bien, exceptuando el tránsito rodado (éste sí que lo suprimiría sin escrúpulos, con gran escándalo, supongo, de los comerciantes de la zona). Entonces el escepticismo nos doblegaría de nuevo, por aquello de que nunca es posible contentar a todo el mundo.

Así es que, por poco o mucho tiempo de que dispongamos, es gratificador –repito– destinar una parte a pasear por la Ciutat Antiga. Para los barceloneses representa poder mecernos en una rama de nuestro árbol genealógico, y para los turistas existe la posibilidad de que, de rebote, les recuerde cosas entrañables que han dejado atrás, en su tierra. O bien un mundo desconocido para alguno de ellos, con sorpresas y atractivos de los que justifican el tiro.

La Rambla (¿o las Ramblas?)

He aquí que a nuestros antepasados con vocación de hormiguero un buen día se les debió de ocurrir lanzarse a fondo para reservarse una vía ancha. En honor a la verdad (y no pretendo desmerecerlos) quizá se la encontraron hecha, porque la Rambla es la frontera que separaba el primer recinto amurallado del arrabal. El caso es que divide casi por la mitad a la Ciutat Antiga y tiene el ímpetu de una ventana abierta en el corazón de un entretejido de callejuelas. No me sorprendería en absoluto que nuestros bisabuelos y tatarabuelos la utilizaran para salir a "tomar el sol" y tratar de ver mayores espacios de cielo azul, más generosos que los que habitualmente podían contemplar. ¡Quién sabe si no era también su espacio para hacer salud! Porque la ilusión, en su tiempo y en el nuestro, es la madre del bienestar. Lo digo porque si al calificar la Rambla de vía ancha lo referimos al concepto actual de gran avenida, podemos caer en errores de perspectiva y pueden fallarnos los cálculos.

La Rambla es un fenómeno muy peculiar, casi único en su género. Y digo "casi" porque me contengo, ya que con el corazón en la mano hubiera afirmado rotundamente que no tiene rival. El atractivo que irradia depende de un conjunto de circunstancias que, si intentamos separarlas para analizarlas una por una, nos dan un balance desconcertante. Ya he dicho que no impresiona por su anchura: como avenida es más bien modesta, y en este aspecto tiene serias competidoras en casi todas las ciudades del mundo. La arquitectura, exceptuando cuatro o cinco edificios notables, es mediocre, por no confesar abiertamente que es fea. Se trata de una arquitectura civil, de viviendas, que surgió en unas épocas de falta de inspiración y de escasas o inexistentes preocupaciones urbanísticas. El trazado, respecto a la circulación de vehículos, siempre ha sido un problema que ha desafiado a cualquier responsable que, a lo largo del tiempo, haya intentado resolverlo sin conseguirlo jamás. Los árboles son una baza fuerte, pero no todo el año, porque cuando la proximidad del otoño los deja sin hojas, ponen al descubierto unas fachadas más bien tristes, bastante decrépitas, y los propios árboles adquieren el aire de madera vieja plantada en tierra. Ponen en evidencia... Pero cuando la primavera les devuelve sus galas verdes, entonces se produce un milagro y la Rambla se convierte en un paraje maravilloso, se transforma en un lugar más allá de cualquier competencia. Las hojas de los plátanos crecen de prisa y su ramaje se une de lado a lado formando un túnel vegetal que es pura delicia. Cuando el sol del buen tiempo filtra sus rayos a través de las hojas, el juego de luz y color que se proyecta sobre la calzada despierta irreprimibles deseos de ram-

El mercado de la Boqueria es una institución barcelonesa de pleno derecho. Es una bella muestra de lo que se conoce como arquitectura del hierro, con detalles muy interesantes de decoración modernista. Y aparte de ello, naturalmente, el ejercicio de la función para la cual fue creado: unos puestos bien provistos, con una gran variedad de alimentos.

blear, expresión que para los barceloneses (y para muchos forasteros que nos visitan) tiene un enorme poder de convocatoria. Además, moviliza el ejercicio del verbo *badar*, (estar en babia/contemplar) que, según tengo entendido, es muy difícil de traducir a otras lenguas. Por lo menos, respecto al castellano, los autores de diccionarios se las ven y se las desean. En uno de los más prestigiosos figura que la equivalencia *badar*, en el sentido que nosotros le damos, es "no prestar atención, distraerse" *(sic)*. No es eso, no es eso... A menudo, para los barceloneses, *badar* significa fijarse mucho en algo que en otros momentos pasaría desapercibido, pero que en un estado de éxtasis especial nos incita a contemplarlo con atención y con un cierto amor etéreo, volátil, pero cargado de deseos de extraer su filosofía. Es un ejercicio que amansa el ánimo y nos induce a sacar partido de la vida.

Concluimos, pues, en que los árboles, el pasear y el *badar* son la clave del encanto de la Rambla. Pero la estrella del espectáculo no puede individualizarse, hay que referirse a una actuación en equipo: el protagonista principal es la gente. De ahí arranca la duda que trasluce el título del presente apartado. ¿Rambla? ¿Ramblas? Parece ser que el plural no es correcto, pero a mí me ocurre que cada vez que voy (y como barcelonés no puedo dejar de ir a menudo) constato la existencia de tres Ramblas –por lo menos–, iguales pero distintas, como aquel misterio teológico que tiene ocupados a tantos pensadores. Y lamentaría que alguien considerara irreverente la comparación, porque estoy lejos de querer herir a nadie con heridas que también a mí me lastimarían. Ocurre que, a veces, nos hacemos entender valiéndonos de recursos desesperados.

Hacer el trayecto, vía Rambla, desde la plaza de Catalunya hasta el puerto, estoy seguro de que nos pone en contacto con tres Ramblas. Y eso cada día, a cualquier hora y durante todas las estaciones del año. El elemento diferenciador es el personal humano, que se ha marcado unas zonas casi rígidas, de tal modo que si no se pide pasaporte para ir de una a otra es, estoy seguro, a causa del ambiente de libertad que existe. Desde la plaza de Catalunya hasta la calle del Carme (Rambla de Canaletes), hay un público que, a lo sumo, se acerca hasta el Palau de la Virreina para dar una ojeada a exposiciones nostálgicamente retrospectivas. Son los descendientes de aquella pequeña o mediana burguesía que iba a *cal* Esteve Riera a comprar aquellos famosos panecillos de Viena que todavía hoy provocan nostalgias al paladar. Y, de paso, este público se llegaba hasta la Acadèmia de Ciències para poner el reloj en hora y no llegar tarde a misa en la iglesia de Betlem.

Más abajo, empieza la Rambla de Sant Josep. Actualmente, el cambio de personal es bien visible. Éste es distinto de lo que se entiende por pequeña burguesía menestral: la del primer tramo de la vía. Se les ve más progresistas en la indumentaria, hay más bolsas colgadas al hombro, de ellos y de ellas, y yo diría que, probablemente sin darse cuenta, adoptan una actitud de trascendencia intelectual bien entendida, pero sofisticada. Son interpretaciones subjetivas, sé que no todos las com-

La Rambla atrae a personas y a personajes de todos los estamentos. En esta curiosa fotografía, el gran escritor Josep Maria de Sagarra muestra su interés por unos cachorros ofrecidos por un vendedor ambulante.

partirán, pero juraría que un observador atento me reconocería coincidencias. Suele ocurrir, o al menos me lo parece, que buena parte de estos ciudadanos mayoritariamente jóvenes, doblan a la izquierda al llegar al Pla de la Boqueria, para ir al Museo Picasso.

El Pla de la Boqueria es otra frontera: allí empieza la Rambla dels Caputxins-Santa Mònica, de un solo trazo. De allí hasta el puerto el material humano se transforma: he aquí una zona llena de posibilidades novelescas, con puertas abiertas a la aventura. Ahí veremos –encontraremos– todas las figuras tópicas de un puerto mediterráneo que se precie. Están los marineros que desembarcan después de azarosas travesías y dan la impresión de tener unas ganas locas de correrla por tierra firme, de resarcirse aprovechando los entreactos de su oficio para huir de la reclusión de los navíos. Están esas muestras de ciudadanos de diferentes colores de piel, ex colonizados que andan un poco perdidos por el mundo, como si no supieran qué hacer con unas independencias que se les han venido encima como granizo y, por el momento, no encuentran su papel porque les ha cogido de sorpresa. Por lo que pudiera ser, tienden a huir hacia las antiguas metrópolis dominadoras (¡preocupante paradoja!) y todo hace pensar que su intención es quedarse en ellas si consiguen arreglar los papeles.

Se topa también con ejemplares vivientes que pasean (o puede que no) con un aire de gente dura, introvertida, como si quisieran dejar claro que es mejor ir con cuidado con ellos. Podrían ser contrabandistas, traficantes de drogas, proxenetas o, si se me apura, espías de a pie. Al final, resulta que alguno de ellos lo único que se propone es vendernos un reloj de oro, de una gran marca suiza, a un precio de verdadera ganga. Estas operaciones subrepticias requieren la hora del atardecer, cuando la luz declina, porque son indispensables las prisas y el bajomano. El cliente que ha picado vuelve a casa latiéndole el corazón, haciéndose cruces de su suerte. Solo con su intimidad, coloca la pieza adquirida bajo la luz de una bombilla y descubre que lo que parecía oro no es más que plástico dorado lastrado con plomo. Y que en la marca famosa hay faltas de ortografía flagrantes. Se le cae el alma a los pies, evidentemente, pero quién se arriesga a ir a la Policía para hacer una denuncia que se supone, de entrada, reconocer que uno es comprador en potencia de mercancía robada y, por añadidura, un tarugo callejero. Quiero decir que esta clase de comercio tiene larga vida asegurada y, poniendo fe en ello, en la Rambla podemos encontrar lo que se nos ocurra.

De este tramo de Rambla, que se llama Rambla de Santa Mònica, no podemos hablar sin referirnos a la prostitución. ¡Qué remedio! Es una prostitución portuaria, que tiene su carácter. Que conste que de eso no entiendo, pero, por lo que dicen, las prostitutas de mar son distintas de las de montaña. Están más trabajadas, son más cosmopolitas y se las saben todas con más variedad. Estos factores dan solera, al estilo de los vinos añejos tan apreciados por los bebedores.

Y en un santiamén, cosa de dos pasos, se llega al puerto. No diré que el espectáculo sea insólito, pero allí hay de todo: se pueden alquilar

Los hombres-cartel tenían un lugar muy apropiado para su actuación en la Rambla. La modernización de la publicidad los ha ido arrinconando y hoy en día casi han desaparecido.

coches de caballos, barcas y travesías navales sin necesidad de enfrentarse con la alta mar. El puerto es otro espectáculo digno de contemplación y holganza. No es difícil adivinar su pasado glorioso (ayuda a ello una previa información histórica), pero actualmente parece un parque de atracciones. Lo primero que se ve es el monumento a Colón, optimista y triunfalista muestra del arte o la arquitectura del hierro. A sus pies se amparan tenderetes de golosinas, de las de mascar y escupir, fotógrafos al minuto, empresarios de pájaros que lo adivinan todo. Y mantas extendidas en tierra con trabajos de artesanía realizados por jóvenes del país y del extranjero. Muy cerca, está la réplica a escala natural de la carabela *Santa María*, a la que se puede subir pagando entrada, detalle que estoy convencido hubiera dejado de una pieza a don Cristóbal Colón. La *Santa María* barcelonesa es un híbrido entre falla valenciana y reconstrucción cargada de buena fe, pero a partir de un presupuesto modesto. Ahora bien, con un poco de buena voluntad, velando ligeramente la mirada y dando rienda suelta a los mecanismos del sueño pueden conseguirse resultados evocadores bastante aceptables. Como mínimo uno llega a la conclusión de que parece imposible que con algo así se pudiera llegar tan lejos sin saber adónde iban.

Un poco más lejos, justo detrás de las atracciones, está el puerto, que es un puerto como los demás, con las funciones que le son propias. En este sentido lamentaría profundamente cualquier interpretación peyorativa de mis anteriores formulaciones. Desde luego me propongo que no me ciegue la pasión, y debo decir que nuestro puerto me produce la misma impresión que aquellos aristócratas venidos a menos. Cuando pienso en la expansión de Catalunya por el Mediterráneo oriental y veo nuestro puerto con plazas vacías (como un estacionamiento en crisis) experimento una tristeza retrospectiva. Pero el puerto posee la belleza de las decadencias con pasado glorioso, lo cual, según se mire, tiene un encanto enorme. De todos modos, abocados como estamos a la era de volar, la navegación marítima y los puertos de mar tienen un futuro incierto. Es posible que vayan convirtiéndose en lugares recreativos.

Hemos concluido, pues, que hay al menos tres Ramblas bien diferenciadas, hecho que puede observar cualquier transeúnte avizor mientras pasea despacio, o mientras se sienta en un café con vistas al paseo, lo cual resulta muy atractivo, especialmente cuando el buen tiempo permite la instalación de mesas al aire libre, bajo la sombra de los plátanos. El espectáculo es agradable de veras, porque la gente, cuando actúa con naturalidad y sin estar sometida a la tiranía de un guión, es un actor formidable. Aunque, ahora que caigo, lo de la ausencia de guión puede ser engañoso o inexacto. Algo hace que el personal obedezca a una especie de batuta invisible, porque lo que antes decía de las zonas persiste con un ritual que debe de tener una fuerza obligadora. Cada grupo diferenciado (así, a grandes rasgos) llega a su límite y retrocede, para continuar de nuevo su trayecto. Evidentemente están los advenedizos que van de punta a cabo cruzando fronteras, pero dan la impre-

En la Rambla las flores, las hojas de los árboles, la gente misma, se transforman

milagrosamente al recibir la
claridad de los tiempos
benignos. Y mejoran...

sión –opino– de no pertenecer a la plantilla fija. El caso es que hay tipos humanos de la Rambla muy difíciles de ser vistos fuera de su redil ciudadano, y si alguno de ellos se escapa –a lo cual tiene perfecto derecho– y, por ejemplo, va a parar al Passeig de Gràcia, llama la atención. Los conocedores lo pueden clasificar de inmediato, afirmando de qué parte de la Rambla procede.

Puede que todo esto parezca exagerado. Quizá lo sea... Pero recomiendo a los forasteros amables que nos visitan que vayan a verlo, y ya me dirán. En cualquier caso no harán la visita en vano, porque en la Rambla hay muchísimas cosas que merecen la pena y cada cual, venga de donde venga, hallará puntos de interés que le inclinarán a compartir con nosotros el deporte barcelonés de *badar*. Los puestos de pájaros y animalillos, a menudo exóticos, los puestos de flores (las hay muy raras y de todo el año), los quioscos que son un muestrario completo de la prensa nacional y extranjera, y un comercio volandero que no puede negligirse sin caer en grave fallo. Hay pequeños negociantes ambulantes que convierten su maleta con patas plegables en tienda y exhiben marcas de tabaco que sólo allí podemos encontrar. O una serie de objetos que sería inútil buscar en los grandes almacenes, por lo que es mejor ir mirando y no apresurarse ya que podríamos perder la oportunidad de adquirir lo que deseamos y que, en circunstancias normales –valga la expresión–, no sabríamos dónde encontrar.

No olvido los lugares técnicamente imprescindibles de la Rambla. Simplemente, los he dejado para el final, quién sabe si a causa del deseo de darles solemnidad descriptiva. Hay edificios e instituciones que no pueden dejarse de lado, y aquí sí que la utilidad de una guía es de suma importancia. Ya he mencionado el palacio de la Virreina, que a parte de su origen folletinesco es la sede del Museo de las Artes Decorativas, de la Colección Cambó y del Museo Postal y Filatélico. En él se celebran también exposiciones monográficas con regularidad, y alguna de ellas siempre justificará nuestra visita.

Más abajo está el Gran Teatre del Liceu, que no es cualquier cosa. La ampulosidad del nombre produce un cierto choque, porque su fachada falsamente modesta no tiene nada que ver con su interior. Por fuera, recuerda la cara externa del casino político y cultural de una población de mediana consistencia demográfica, pero por dentro es un teatro con todas las de la ley. A mí más de una vez me ha recordado a aquellas mujeres islámicas que se cubren la cara con un velo para disimular la seducción de su cuerpo. Son impresiones subjetivas, claro, muy personales, pero siempre queda la esperanza de que ayuden a otros a situar los golpes de efecto.

Soy consciente de que al ocuparme de lo que he dado en llamar lugares enfáticos de la Rambla, corro a grandes zancadas, demasiado. Un cronista histórico de la ciudad se horrorizaría, pero cada cual es como es. En otros tiempos hubiera sido imprescindible pararse en la iglesia de Betlem, pero la verdad es que las revoluciones y las guerras la han desmejorado mucho. El palacio de los Comillas —o Palau Moja—

contiene detalles importantes, pero por fuera emana aquella severidad emparentada con la tristeza que, a poco que uno se distraiga, invita a seguir paseo abajo.

El mercado de la Boqueria, dejando a un lado el interés permanente que tienen los mercados cercanos al mar, presenta muestras de la arquitectura del hierro y detalles modernistas que bien justifican la visita y, si se tercia, el placer de comprar en él frutas, verduras y comida en general. Yo no entiendo del tema, pero dicen que se puede hacer buena compra.

Y no sé en qué otro lugar aconsejaría pararse. Depende de los deseos de husmear de cada cual, que pueden sentirse atraídos o no por particularidades concretas: la fuente de Canaletes (actualmente en declive), algún palacio o algún convento venidos a menos y, según y como, el monumento a Frederic Soler, que da grima porque parece que el ilustre personaje siempre está en un tris de caerse del pedestal... Ya he dicho que, a mi modo de ver, la Rambla es mucho más notable por la obra que en ella se representa de una manera permanente que por su escenografía. Pero sería un error y una injusticia tener en poco el escenario, que es altamente adecuado. Un cambio de decoración podría echarlo todo a perder, y esto no sería sensato ni desde los requisitos de la estética ni desde las preocupaciones urbanísticas.

Lo que hay que recomendar con entusiasmo es no perderse las cercanías que la Rambla tiene tan a mano. Paseando y serpenteando ligeramente, dejando el paseo con la seguridad de que podremos volver a él cuando nos venga en gana, es necesario llegarse a la calle Petritxol, a la plaza del Pi, a la plaza Reial, a las Drassanes...

En fin, hay cosas que hay que verlas para creerlas, y la Rambla es una de ellas. Todo cuanto se diga queda inexorablemente corto, y me temo que esto es lo que me acaba de pasar a mí. Curándome en salud, aconsejo fiarse más del contacto directo que de la opinión ajena. Parafraseando una expresión que ha hecho fortuna, diría que un paseo ramblero vale más que mil palabras.

El Eixample - El Modernismo

He aquí que aquellos antepasados nuestros que se crearon la fama de tenderos y fabricantes que contaban el céntimo, tuvieron un despegue que, según y como, parece un destello de locura. Paradójicamente, fueron ellos quienes trataron de dar cuerpo al concepto de *seny* catalán. Es un concepto que ha pasado por diferentes etapas. A veces parece tener un contenido que nos enaltece, pero otras se convierte en agua de borrajas y hay quien cree que nos ha perjudicado tanto como el granizo. Todo es posible...

La verdad es que aquellos señores tan ordenados, tan esclavos de las apariencias, más preocupados por el qué dirán que por el quehacer, debieron de sentir un buen día la necesidad de expandirse sin cortapi-

Pasear es un arte que requiere un entorno con requisitos especiales, y el Passeig de

Gràcia los posee a pesar de los ataques urbanísticos que ha soportado.

sas. Si miramos el plano de Barcelona, comprobaremos de un solo vistazo que el polígono irregular condicionado por las primitivas murallas, que durante siglos había ido creciendo con prudencia y sin perder el comportamiento de las callejuelas y plazoletas, de golpe y porrazo estalla. Se esparce de una manera reticular, ordenada pero ambiciosa; evoca la imagen de los jóvenes que huyen de casa para intentar realizarse. De todos modos hay que precisarlo cuidadosamente, reconociendo que fue una huida sometida a minuta, bajo estricto control. Era una época en la que el urbanismo tenía poco predicamento (al menos por estas latitudes) y es, por tanto, admirable que las fuerzas vivas del país partieran de la base de estudiar el crecimiento sobre el mapa, confiándoselo a un experto genial, don Ildefons Cerdà i Sunyer, que era un socialista utópico de mediados del siglo pasado. ¡Casi nada! Aquí hay un misterio que despierta gran perplejidad y que, todavía hoy, es digno de meditación.

Resulta que aquellos burgueses de Barcelona, conservadores, tirando a reaccionarios en cuestión de ideologías políticas y sociales, que no se podría asegurar que tuvieran profundas convicciones religiosas pero que eran practicantes de misa regular y con directores espirituales de pro, cuando se plantearon la conveniencia de soñar la ciudad lo dejaron en manos de especialistas en sueños, a todo riesgo, porque una de las primeras cosas que les explicó Ildefons Cerdà fue que era necesario atacar duramente la propiedad privada del suelo. El Pla Cerdà, antes de conseguir su aprobación, topó con oposiciones muy fuertes, pero lo cierto es que se puso en marcha y que los acomodados del país aceptaron que las piedras de sus construcciones fueran colocadas tal y como había dispuesto el urbanista visionario. Ahora sabemos que, al final, la especulación del suelo resultó imparable, pero por lo que se refiere a la generosidad de los espacios, Cerdà consiguió salirse por el momento con su idea.

Todavía hoy, nuestros urbanistas y los de fuera que nos visitan cantan las alabanzas del Eixample tal y como se había concebido. Las manzanas de casas con una zona en el interior de cada una, destinada a jardines, nos hubieran servido pródigamente los espacios verdes que tanta falta nos hacen. Tendríamos una ciudad realmente modélica. Más tarde nos encontramos con que el afán de prosperar fue más fuerte que la necesidad de respirar, y aquellas zonas verdes previstas por Cerdà se convirtieron en almacenes, en talleres, y actualmente, en plena expansión de los vehículos motorizados, en aparcamientos de coches. Nos han racionado el oxígeno de las plantas a cambio de proporcionarnos dosis masivas de monóxido de carbono, pero muchos "vivos" se han hecho ricos. No estoy nada convencido de que una cosa compense la otra.

Al mencionar la era del automóvil –y similares– hay que subrayar que Ildefons Cerdà supo preverla. La expansión de Barcelona con calles anchas y unos chaflanes desmochados en las esquinas parecen idóneos para una circulación rápida y fluida. Si se tiene en cuenta que

Una imagen nostálgica de la calle de Aragón, cuando servía de zanja para el ferrocarril. Nuestros antepasados quisieron atenuar las molestias del humo y el ruido de los trenes con unos jarrones que, en la etapa de proyecto, se destinaban a contener alguna especie de plantas.

Cerdà lo imaginó cuando prevalecían los carruajes de tracción animal, con pocos problemas de densidad, habrá que rendir homenaje a nuestro inventor de calles y avenidas. Viene a cuento recordar aquí que Ildefons Cerdà fue un gran amigo de Narcís Monturiol y que estaba muy interesado en la navegación submarina. O sea que el futuro, tanto por mar como por tierra, le atraía y lo tenía muy en cuenta en el momento de proyectar.

Uno de los encantos del Eixample son los árboles, los famosos plátanos de Barcelona cantados por poetas y alabados por prosistas. Y pintados por pintores que han alcanzado fama universal: podemos vanagloriarnos de un insólito paisajismo urbano gracias a esos árboles espléndidos. Nos dan prestigio y podemos presumir de ellos frente a propios y extraños, prescindiendo abiertamente de falsas modestias. Lo mismo que he dicho de la Rambla se puede aplicar a las calles del Eixample. Desde que empieza la primavera hasta finales de otoño –una buena porción del año– el follaje de los plátanos es un deleite para la vista y un reposo para el espíritu. Nos redime de otras servitudes metropolitanas y nos libera de la deshumanización que llevan consigo las grandes ciudades. Somos un país de sol (ninguna guía turística olvida subrayarlo), y es evidente que el sol se hace más estimable y se llena de majestuosa dignidad cuando pasa a través de los árboles de Barcelona. Los plátanos, sin duda alguna, son conciudadanos nuestros de pleno derecho, y podemos enseñarlos con orgullo a nuestros visitantes.

El estilo moderno

El Eixample tiene una estrecha relación con un fenómeno curiosísimo que nos obliga a hablar de nuevo de la burguesía autóctona. Se produjo coincidiendo con la explosión del modernismo, especialmente en su modalidad arquitectónica. Del modernismo conservamos el recuerdo y la veneración de algunos nombres ilustres: en cualquier conversación saltan los nombres de Gaudí, Domènech i Montaner... Son referencias imprescindibles, extraordinarias. Pero no podemos olvidar que tuvieron una serie de discípulos o de seguidores, marginales y, si se quiere, secundarios, que ciertamente recibieron el grueso de los encargos en el momento de la expansión de Barcelona. Y ocurrió que esta ciudad con fama de pragmática se entregó a la fantasía, a menudo con toques oníricos de piedra, de cristal, de hierro forjado, de cerámica y de todos los materiales que la técnica y la artesanía de la época ponían al alcance de los arquitectos. Hasta hace muy poco no hemos descubierto que hubo un grupo nutrido de creadores (muchos de ellos casi anónimos) que fueron, posiblemente sin sospecharlo, pioneros del superrealismo. Es evidente que se basaban en unos presupuestos que tenían que ser aprobados por gente con dinero, conservadora y realista por definición, y es increíble que algunos, muchos, de los proyectos llegasen a la fase final de realización. Un ejemplo sorprendente es el edificio que hay en la calle Llançà chaflán Corts Catalanes. No hay duda de que el propósito impulsor fue el de construir una casa de viviendas, con todos los cálculos previos para justificar una inversión rentable. La fachada se va alzando piso sobre piso, juiciosamente y sin salirse de madre. Pero al llegar a la azotea, seguramente el arquitecto ya no podía más (debía de estar ahogándose) y allí colocó una monumental mariposa de mosaico de colores. Es un insecto enorme que domina la totalidad de la construcción, y afortunadamente tiene las alas medio plegadas, de lo contrario podría dar la impresión de que el edificio va a alzar el vuelo de un momento a otro. Me gustaría saber –y es posible que alguien lo sepa– qué cara pondría el propietario cuando el arquitecto le propuso la idea de la mariposa, pero sea como quiera accedió. Es un suplemento suntuario que debió de incidir fuertemente en los costes, sin ninguna justificación de utilidad. Quizá debieron de discutir el precio, pero el resultado definitivo es de aquellos que ponen en entredicho la reputación de avaros que nos han colgado a los catalanes.

La casa de la mariposa no es, ni con mucho, una muestra gloriosa de los aciertos del modernismo. Es significativa, eso sí, y por eso la he mencionado en primer lugar. Todo el Eixample está lleno de detalles que, actualmente, nos dejan boquiabiertos: barandillas de balcones muy elaboradas, tribunas con una declarada ambición artística, ventanas que no se contentan con dejar pasar la luz y coquetean con la escultura, unos remates de fachada que son como la rúbrica ampulosa, complicada, de alguien que nos ha querido dejar constancia de que la seriedad de un documento no excluye en modo alguno las grandes posibilidades de la caligrafía. Y las cúpulas, que exigirían un capítulo sólo para ellas. Son la traca final de muchas construcciones barcelonesas (como lo que decíamos de la mariposa), y se diría que fueron un acuerdo tácito entre promotores y creadores, como una especie de veda que se levantaba para los arquitectos cuando coronaban el edificio. Todo era válido.

Están, además, las entradas, la puerta grande de acceso a las casas del Eixample. También ofrecen materia de reflexión y de estudio. El Eixample creció con una prudencia de clases, como si tanteara el terreno. Primero se extendió fuera del cinturón de Rondes, y era necesario contar con una menestralía que justo empezaba a quitar el vientre de penas. Ciertamente, no era sorda a la llamada de la sensibilidad artística, pese a que procuraba no excederse. En esta parte del Eixample no tan rico (he estado a punto de adjetivarlo pobre, pero no sería exacto), la fantasía puramente decorativa inició la reclamación de sus fueros. La cuadrícula se extiende a partir de la frontera marcada por las Rondes: la de Sant Pau, la de Sant Antoni, la de la Universitat y la de Sant Pere. Se configuran los distritos cuarto y sexto, con calles rectas y razonablemente anchas, pensadas. Los edificios denotan su origen en unos presupuestos que no querían o no podían permitirse demasiadas filigranas, pero ya traslucían aquella especie de pacto –como un acuerdo de caballeros– entre los propietarios y los arquitectos. En algún punto de la

Uno de los últimos representantes de la tracción animal contempla, con un talante filosófico, los rudimentos de los motores de explosión. Quién sabe si ya teme (o desea) que lo releven.

obra, el arquitecto se reservaba el privilegio de echar su cuarto a espadas. Como si en un guisado modesto, realizado con componentes de precio moderado, el cocinero, incapaz de reprimir por más tiempo la inspiración, añadiera de pronto un pellizco de especias exóticas, a todo riesgo y huyendo de la mirada del contable.

Yo creo que este aspecto de nuestro carácter nacional no ha sido suficientemente estudiado, o quizá resulta que se me han escapado lecturas que tendría la obligación de conocer. Si es así, pido excusas y recomiendo sin reservas una visita a este sector del Eixample, con los sentidos bien despiertos. De veras merece la pena, si en ello ponemos un espíritu explorador y si tenemos suficiente tacto para conseguir que los porteros dejen entrar a desconocidos. Cosa que, tengámoslo en cuenta, no siempre es fácil.

Hay entradas que son una maravilla, con esgrafiados delicadísimos y unos trabajos en cerámica, en cristal grabado y en forja de hierro que anticipan todo lo que vino inmediatamente después. Incluso he visto entradas en cuyo techo hay, supongo que encolada, una gran tela pintada al óleo, con temas de fauna y flora cargados de poesía. Es francamente increíble, porque si obtenemos el permiso de subir la escalera hasta la azotea, comprobaremos que los propietarios no perdían nunca de vista las realidades sociales de la época y, especialmente, las obligaciones impuestas al edificio por una economía meditada. Frecuentemente, los escalones hasta el principal son de mármol. De allí hasta el primer piso son de granito (o de piedra artificial sin excesivas pretensiones), y desde el segundo piso hasta la azotea lo liquidaban con escalones de ladrillo bordeados de madera. La barandilla sigue rigurosamente estas alternativas de división en categorías: comienza con materiales de mucha presencia, continúa a base de barrotes de hierro y acaba con barrotes de madera, sin contemplaciones. Los pasamanos, lógicamente, se ajustan a lo que tienen debajo y declinan a medida que ayudan a subir. El latón, por ejemplo, no suele llegar más arriba del principal. Obvia decir que todo esto obedecía al importe de los alquileres asignados a cada planta, y se daba por sobreentendido que quienes menos tenían que pagar, menos podían esperar en cuanto a filigranas destinadas a la pura recreación de la vista y del tacto. Y es ahí, precisamente, donde se produce la sorpresa entre los cálculos impuestos por los inversores a los arquitectos y los muletazos que éstos conseguían darles. ¿Les convencían, en un momento dado del trabajo, que detalles decorativos y suntuarios les darían importancia social, para presumir ante parientes, amigos y conocidos? ¿Se peleaban con ellos? ¿O será que los ricos de aquel tiempo guardaban un pósito de imaginación ornamental en el fondo de su alma y –un día es un día– se avenían a soltarla cuando el artista se lo explicaba arrebatado por un soplo poético?

La realidad es que el modernismo nos ha dejado muestras inestimables. No todo son obras maestras –sería abrumador–, pero casi todas ofrecen un interés que perdura. Por desgracia el modernismo barcelonés también fue víctima de la pugna generacional y sus herederos ten-

El puerto ofrece aventura hasta más allá de sus límites, o sea, que brinda mar abierto. Se trata de una buena cantidad de ensueño a un precio razonable y sin grandes riesgos.

26

dieron a derrochar su patrimonio. Cuando yo iba a Llotja, los aprendices de artista nos sentíamos fascinados por la propuesta de Le Corbusier: la casa debe ser una máquina de vivir. La generación que nos había precedido retiró el crédito al modernismo a favor de un neoclasicismo pulcro, ordenado –muy mediterráneo, decían– y nosotros nos disponíamos a arrinconar el neoclasicismo en favor de la máquina de vivir que he mencionado. Después ya se ha visto hasta qué punto andábamos errados, porque la funcionalidad nos ha ido ahogando poco a poco y hoy más bien tratamos desesperadamente de no vivir a máquina. ¡Quién sabe si llegaremos a tiempo!

El Eixample rico

Bien. Es una manera como cualquier otra de establecer clasificaciones. Pero define la situación: en general los propietarios eran más ricos y los arquitectos más prestigiosos. En conjunto se nota. Ildefons Cerdà había proyectado una Barcelona preparada para un futuro tránsito rápido, de motores de explosión, y recuerdo que cuando yo era niño me impresionaba mucho el hecho de que el edificio La Pedrera tuviera unas rampas destinadas a permitir que los automóviles subieran hasta el principal. Nos parecía un símbolo de opulencia máxima, sobre todo en una época en que los coches mecánicos eran una rareza. Por ejemplo, cuando el doctor Pla iba por la ciudad a bordo de su automóvil eléctrico, de baterías (curiosa anticipación), la gente se paraba para verlo pasar. Era un coche singular, simétrico, idéntico por delante que por detrás. No tenía volante, sino una palanca que el chófer aguantaba con un hieratismo solemne. Era un vehículo señor, lento, sin ruidos y sin humos. El doctor Pla, sentado a la derecha del conductor, llevaba un chambergo oscuro, amplio, y también se mantenía erguido, como si tuviera plena conciencia de que era objeto de contemplación. Me parece recordar, pero no lo juraría, que apoyaba las manos en un bastón con puño de plata y que todo en él resultaba majestuoso. A veces tenía la impresión de que iban despacio para que el público no se perdiera ningún detalle del espectáculo. Pero eso son impresiones subjetivas, que podrían ofender memorias sin ninguna necesidad. De pequeño, a mí, aquel coche y sus tripulantes me habían sugerido sorprendentes asociaciones de imágenes: sólo el pensar que les era posible subir hasta los primeros pisos de La Pedrera (si querían, y suponiendo que el portero les dejara entrar), se me ocurría que era una versión moderna (moderna entonces) de las alfombras voladoras que salen en *Las mil y una noches*. Para un niño, son visiones que marcan para siempre.

No todas las casas del Eixample contaban con el requisito de permitir a sus habitantes subir a ellas en coche. Pero muchas tienen unas entradas señoriales, de piedra picada, con roderas marcadas en los umbrales. Este último detalle indica, como mínimo, que los propietarios podían entrar en sus casas con sus carruajes hasta el pie de la escalera.

Los oficios tradicionales se transforman o desaparecen. El limpiabotas era una estampa muy corriente hasta que fue barrido por los productos industriales de limpieza a domicilio.

Se podría afirmar que los barceloneses mantienen una rara fidelidad a los puestos callejeros y a las ferias. El progreso inevitable va cambiando el rostro, ya no es posible ver por la ciudad puestos como éste, pero todavía quedan algunos que los hacen sobrevivir en versión moderna.

A grandes rasgos, podríamos considerar que el Passeig de Gràcia es la línea divisoria entre el Eixample rico y el otro, el que lo es menos. Todas las clasificaciones se exponen a caer en una cierta arbitrariedad. Ya lo he insinuado antes. Pero en este caso parece que se trata de una aproximación razonable. La base onírica del modernismo arquitectónico y decorativo encontró aquí unas áreas de expansión con mayores medios económicos y supo aprovecharlas. Los constructores estaban lejos de sentirse ligados por la idea de tener que limitarse al papel de máquinas de vivir y se desahogaban, expresaban sentimientos espirituales y le daban al mundo aquello que, épocas después, sería calificado de mensaje del artista. Como ejemplo vale citar una anécdota –de mucha categoría— ligada a La Pedrera. Se decía que Gaudí quiso expresar que la vida es como un mar tempestuoso: el edificio arranca, a ras de tierra, con unas olas pétreas, altas y abrumadoras. A medida que van subiendo los pisos, las olas se amansan, sus sinuosidades se suavizan y, al llegar a la azotea, ya puede decirse que la mar se ha calmado y que ha pasado el peligro. Gaudí tenía pensado coronar el edificio con una estatua monumental de la Virgen María. El símbolo era clarísimo: la redención está en la mística mariana, tan grata a Gaudí. Dado que era un soñador, nuestro genial arquitecto solía equivocarse en los presupuestos, quién sabe si partiendo de la base de que hay cosas que no tienen precio. El caso es que cuando llegó al punto de la estatua de la Virgen María, Gaudí ya había dejado muy atrás los números iniciales, y el señor Pere Milà i Camps, el propietario que le había confiado el encargo, se asustó. Personalmente estoy convencido de que no se trataba de una pérdida de la fe del señor Milà, sino de un despertar del realismo inevitable en un señor de Barcelona. Me imagino que el señor Milà se enfrentó a un conflicto entre la conciencia y la práctica, y lo resolvió cortando por lo sano. Se dice que entre el arquitecto y el propietario hubo acaloradas discusiones. Ignoro si hay documentación fiable sobre estas diferencias, pero La Pedrera se quedó sin su estatua monumental a la Virgen.

Pese a que esta historia o esta leyenda pueda parecer una divagación estoy seguro de que no lo es. Sirve, de veras, para recorrer el Eixample con conocimiento de causa. Cada cual a su aire y a su manera, nuestros arquitectos de aquella época se sintieron impelidos por alguna otra cosa que la simple construcción de viviendas. Debieron de considerar que cada encargo era una oportunidad para demostrar sus convicciones artísticas, religiosas, filosóficas o patrióticas. O de cualquier otra inquietud que les bullía dentro y eran incapaces de reprimir. El prodigio es que encontraran unos burgueses, unos rentistas o unos señores acomodados de varias categorías que les siguieron la corriente (a veces con tensiones, eso sí), y unos equipos de artesanos preparadísimos, que conocían a fondo sus respectivos oficios. Los conocían tanto, que se cuenta que a veces también se enfrentaban con los arquitectos, porque también tenían cosas que decir y no les daba la gana callárselas. El conjunto de estos ideales y de estos desacuerdos –casi siempre para bien– entre unos inversores que pagaban, unos profesionales que proyectaban y unos artífices que ejecutaban, es la maravilla del modernismo barcelonés. Lo he dicho antes y no me duele repetirlo, porque es una insistencia necesaria para crear conciencia. No sería prudente olvidar que el modernismo pasó por el tubo generacional, y que sufrió una etapa de menosprecio y vilipendio. Y lo que es peor: fue destruido en parte. Hemos sufrido pérdidas irremplazables y todo es poco para salvar lo que queda. Aparte de los conflictos autodestructivos en el relieve de las generaciones, el modernismo barcelonés ha sufrido la embestida especuladora. El palmo cuadrado, el metro cuadrado se han adueñado del patrimonio y han dado lugar a unas monstruosidades increíbles: hacer crecer una finca añadiéndole dos, tres o cuatro pisos sin contemplaciones estéticas, con ignorancia culpable de lo que puede haber debajo. Lo que he dicho al principio de este libro, en el sentido de que las ciudades crecen capa sobre capa, nos hizo llegar a un momento en el que la capa utilizada (tejida con especulaciones de todo tipo) se nos iba comiendo la fisonomía.

Ciertamente, lo que se ha salvado es mucho. Nos corresponde conservarlo y hacerlo con presteza, porque hay cosas que no tienen espera. Mientras pensamos en la reparación y el destino de algunos edificios nobles, entretenidos con pleitos de compraventa, nos exponemos a que se caigan solos, en pedazos, y entonces sí que será innecesario romperse la cabeza. O tal vez sí, claro, porque hay vergüenzas colectivas que no pueden dejar tranquilo a nadie.

El Passeig de Gràcia

Al alzar el vuelo, Barcelona fue atrapando a los pueblos y pequeñas ciudades de su alrededor. Era fatal. La cuadrícula de Ildefons Cerdà, al chocar con los pueblos de los contornos, se descompuso: era como un río que tropieza con una barrera natural y se ve obligado a desviarse. Uno de los primeros diques que encontró fue al noroeste, al pie de las colinas de la Rovira. Allí la esperaba Gràcia, compacta y celosa de su vida propia, dispuesta a conservar su carácter. La verdad es que lo consiguió, y todavía hoy Gràcia es uno de los barrios de Barcelona con más personalidad.

Desde el punto de vista de la toponimia ciudadana, Gràcia ha dado nombre a la avenida más ancha de Barcelona. Cabrían en ella dos ramblas de lado a lado, con toda la gente dentro, lo cual bien mirado es una medida notable. Haría un excelente papel en cualquier ciudad del mundo.

El Passeig de Gràcia surgió del antiguo camino, de origen romano, que iba de Barcelona a Sant Cugat. En tiempos fue una aventura memorable que había que tomarse con estoicismo y paciencia. Nuestros bisabuelos contaban que en el Portal de l'Àngel había una capilla donde los viajeros encomendaban su alma a Dios antes de subir a la diligencia que iba a conducirlos. No era una precaución gratuita, porque parece

Esta imagen dificulta cualquier comentario. El orden público a caballo no se sabe muy bien qué es lo que vigila, ya que la columna publicitaria en segundo término tiene un aire francamente pacífico. Sin embargo, la historia de la ciudad está llena de contradicciones de este tipo.

Este vendedor ambulante no es en modo alguno barcelonés. Eso se ve en seguida. Debía de sentirse atraído por la capacidad de compra de las grandes concentraciones urbanas.

que a la altura de lo que es hoy el cruce del Passeig de Gràcia con la calle Aragón, había un grupo de bandoleros que los asaltaban. Les podía pasar cualquier cosa y, puesto que los sistemas de lucha antiterrorista todavía no se conocían, sólo les quedaba el recurso de la oración. En cada época la gente se ha defendido como ha podido.

En la expansión de Barcelona, el Passeig de Gràcia había de jugar un papel importantísimo, que todavía hoy tiene un gran poder definidor. Vivir en el Passeig de Gràcia representa un nivel social elevado, pese a que los factores de prestigio han ido cambiando de signo. Ocurre que el paso del tiempo ha hecho que muchos alquileres de esta zona quedasen por debajo de los que se pagan en otros lugares de la ciudad, pero da lo mismo: la fama es la fama y el tono se ha mantenido. Además, los propietarios han hecho ejercicios de rentabilidad, a veces verdaderos equilibrios, y poco a poco las viviendas se han ido convirtiendo en oficinas y despachos.

El Passeig de Gràcia ha recibido, en distintas épocas, la agresión de urbanistas inquietos: ha pasado un poco por todo. Cada vez que alguien con ideas ha ocupado lugares de decisión municipal, se ha enfrentado con la desazón de reformar el paseo. Hay un antiguo dicho que afirma que una de las cosas más peligrosas de este mundo es un tonto con ideas. Nunca se puede generalizar, claro, y sería injusto negar que, en ocasiones, la fiebre renovadora ha sido inspirada por la más absoluta buena fe y los más honestos deseos de acertar. El Passeig de Gràcia lo ha soportado todo con gran dignidad, quizás a causa de su herencia de carretera romana. En el transcurso de mi vida –que a mí, por más que digan, no me parece tan larga–, he visto unas metamorfosis fulgurantes, de aquellas de caiga quien caiga. Alternativas en las que el peatón estaba llamado a ser el protagonista principal e, inmediatamente, un cambio de criterio que concedía la preferencia al tránsito rodado. Entre una posición y otra, han existido momentos de compromiso conciliador, de mitad y mitad, o de cálculos estadísticos para determinar la parte equitativa que correspondía a cada uno. Según soplaran los vientos, la calzada central crecía, se ensanchaba a expensas de los canales de circulación laterales. De pronto aparecía el punto de vista contrario y los carriles destinados a los automóviles se comían buena parte de la calzada central. Entre la gente que va a pie y la que va en coche hay una pugna que no cesa. La última modificación, la del estado actual, parece que obedezca a un deseo bien intencionado de solución salomónica: una amplia vía en el centro, con canales ordenados y señalizados, para que los vehículos puedan circular holgadamente por ella sin entrar en colisión. A uno y otro lado de este trayecto preferente, unas calzadas más bien estrechas, que no ha quedado del todo claro para quién son, porque es cierto que se puede andar por ellas, pero resignándose a compartirlas con coches y motos de los más variados modelos, que tienen licencia (aunque alguien lo niegue hipócritamente) para estacionar en ese mismo lugar. Y dado que las maniobras de aparcar y desaparcar suelen ser complicadas y apresuradas –a ver quién caza el hueco–, los peatones tienen que saltar a menudo de través, deporte ciudadano que puede ayudar a afinar los nervios o a destrozarlos para toda la vida.

Hay además, siempre simétricamente, unos carriles a derecha e izquierda que vuelven a estar a la disposición de los motores de gasolina y similares. Es una especie de "añadidura", aunque poco generosa. Tengo la impresión de que los conductores que han de utilizarlos no transitan a gusto por ellos, pero según el giro que deban hacer no tienen más remedio que utilizarlos. ¡Menos da una piedra!

Y, finalmente, el área de los caminantes, también simétrica, a cada lado del Passeig de Gràcia. Son unas aceras espaciosas, quizá demasiado, porque sobrepasan la capacidad de sombra de los árboles y no reciben todo su beneficio. A mi juicio resultan un poco áridas y, cuando pega el sol, los paseantes huyen en busca de refugio exactamente igual que los días de lluvia.

Los árboles se mantienen con gallardía en el mismo lugar donde fueron plantados. Supongo que habrán sido un problema para los delineantes encargados de cambiar periódicamente la apariencia del paseo. Incluso ha habido momentos en que estorbaban, y ha llegado a mis oídos que cierto alcalde que se consideraba muy cosmopolita (creyendo que los árboles son los culpables de dar un aire provinciano a las ciudades), estuvo a punto de hacerlos talar. Afortunadamente no se salió con la suya: se vio obligado a abandonar él antes de conseguir que abandonaran los árboles, circunstancia que fue muy celebrada por el público.

El Passeig de Gràcia ha conservado siempre un aire señorial. Hoy, este calificativo parece haber perdido sustancia, lo hemos desacreditado en favor del progreso igualador universal. Pero dado que hay palabras que describen con precisión unas ideas hechas consolidadas, tendremos que utilizarlas hasta que encontremos otras que las sustituyan. Por ahora no existen. Quizá podríamos decir que el Passeig de Gràcia queda muy occidental, muy europeo, y que pese a estar a un paso de las Ramblas es muy distinto, es otra cosa. Se me ocurre que si un mago lo trasladara de golpe y porrazo a Londres o a París, los habitantes de esas ciudades lo recibirían con gusto, no experimentarían el choque de las grandes sorpresas. En cambio, si la misma operación mágica se efectuara con las Ramblas, habría estupefacción colectiva y hasta llegaría a provocar discordias. Después correrían a verlo llenos de curiosidad, pero el espanto inicial sería inevitable. Este contraste –junto con muchos otros– es uno de los encantos de Barcelona. Si no lo explico muy bien la culpa es mía, claro; pero confío en que los barceloneses me entenderán, y en que los extranjeros captarán la idea.

Hace casi siglo y cuarto, Antoni Altadill publicó una novela folletinesca con el título de *Barcelona y sus misterios*. Creo que es un punto de referencia obligado, sumamente útil. Altadill, que escribía en castellano y estaba convencido de llamarse *Antonio* (en aquellos tiempos no podía evitarlo), fue un personaje típico: republicano federal, ex secretario, amigo y admirador de Narcís Monturiol –el *Ictíneo* ejercía una

Durante muchos años, los tranvías dieron un matiz especial a Barcelona.

31

Las barracas, el pequeño huerto y las chimeneas industriales simbolizan la mescolanza del crecimiento de Barcelona. Al final, la ciudad lo ha devorado todo y quedan, tan sólo, algunas muestras en período de extinción.

gran fascinación sobre nuestros antepasados recientes–, y, por extrañas resonancias, Altadill fue además un dramaturgo atraído por temas bíblicos. En *Barcelona y sus misterios* hay un capítulo, el XXIII, que se titula, precisamente, «El Paseo de Gracia». Uno de los protagonistas de la novela se prepara para salir de paseo: viste un pantalón de punto de color claro, unas magníficas botas de montar con espuelas de plata, frac azul con botones dorados y empuña un látigo con mango de oro. Piafando en el patio de su residencia, le espera un potro tordo difícilmente dominado por un lacayo vestido de gala. Y, ¡hala!, a presumir. Altadill lo cuenta así, y ruego que se respete puntualmente su estilo y su ortografía:

«Cárlos montó, y el fogoso animal, obedeciendo las levísimas indicaciones del ginete, salió trotando con gallardía y desembarazo con dirección al paseo de Gracia.

...

»Llamando así la atención de cuantos por la calle transitaban, y fijando la mirada de mas de una jóven de los balcones que comparaba acaso con dolor la modesta posicion de su amante, ¡quizá el humilde porte!... con el porte marcial que ver dejaba y la brillante fortuna que dejaba conocer el arrogante caballero...

...

»Multitud de lujosas y ricas carretelas descubiertas subian y bajaban por uno y otro lado en el paseo de en medio, llevando cómodamente y holgadamente sobre sus muelles y blandos almohadones á la aristocracia del comercio, y á alguna que otra familia de la llamada aristocracia de la sangre, á respirar el aire fresco y puro que baja embalsamado de los montes vecinos.»

¡Qué tiempos! El tal *Cárlos* no cabe duda de que era un sibarita. Hoy, el aire embalsamado ya no baja, o se queda a mitad de camino: a duras penas pasa del Putxet. Y las lujosas y ricas carretelas han sido sustituidas por unos artefactos que circulan a todo gas y contaminan. Pero el paseo todavía «da tono», cosa que dadas las condiciones actuales tiene su mérito. Eso sin contar, y hay que decir que cuenta, con que tiene a un paso la Rambla de Catalunya, lugar ideal para airear el espíritu.

La Rambla de Catalunya

Así como las Ramblas son un muestrario variadísimo de lo que da de sí un puerto mediterráneo, la Rambla de Catalunya es un ejemplo de las posibilidades que ofrece un paseo distinguido de una gran ciudad europea. Tiene momentos sublimes en algunas épocas del año, especialmente en primavera y durante los veranos benignos. Si alguien emprendiera la construcción de una maqueta de la ciudad con propósitos didácticos, con el deseo de explicar el carácter de los barceloneses, veríamos cómo prácticamente a dos pasos del tumulto de las Ramblas hay un oasis. El panorama humano y urbano cambia de forma radical, pero siempre conservando un rasgo común, bajo el signo del arte de pasear. Simplemente, da la impresión de que se tuvo en cuenta que no todos somos iguales (cosa bien sabida) y de que era necesario crear espacios para todas las exigencias del gusto de dejarse llevar por las piernas. No se trata sólo de niveles de vida ni de diferencias sociales –a pesar de que la Rambla de Catalunya las subraya–, porque es posible deambular arriba y abajo, a pie, por zonas donde no es indispensable que vivamos. Todavía no pagamos peaje por la tracción animal racional propia, lo cual nos permite, por ahora, meternos casi en todas partes, a condición de que sea un lugar público.

La Rambla de Catalunya invita a serenarse. Al menos es la impresión que me produce a mí. Y una cierta razón debo de tener, porque lo cierto es que se trata de un paseo en el que el tránsito rodado no es el actor principal. Me consta que cuando alguien se mete en él con prisas se acaba poniendo nervioso y hablando o pensando mal de unas autoridades que, en este caso concreto, no han tenido en cuenta las prisas mecanizadas. Por contra, los transeúntes no tienen necesidad de correr, lo cual siempre se agradece profundamente.

Por otra parte, así como la arquitectura de las Ramblas presenta pocos motivos de interés (creo yo), los edificios de la Rambla de Catalunya son dignos de atención, justifican el andar despacito para no perder detalles que después lamentaríamos no haber sido capaces de ver. En buena parte, se trata de obras menores del modernismo, pero es mejor no emitir juicios precipitados, porque puede ocurrir que futuras valoraciones nos aboquen a grandes sorpresas. Hay unos balcones, unas tribunas, unas cornisas y unas entradas que no figuran en las antologías del género, pero que ilustran cuanto he dicho antes sobre la capacidad autóctona de cultivar una poesía que oscila entre la práctica inmobiliaria y las expansiones oníricas.

Durante el buen tiempo, hay unos cuantos establecimientos que sacan sus mesas al aire libre, bajo la sombra de los árboles, o de toldos o parasoles apropiadísimos. No creo que ninguno de ellos figure en esas guías internacionales donde a base de estrellas o tenedores se intenta reflejar la exquisitez del servicio, pero lo cierto es que brindan otro tipo de placeres: el gozo de sentarse y contemplar el paso del tiempo desde otra dimensión. Creo que sería justo que una guía Michelin –pongamos por caso– rindiera homenaje a unos comercios en los que se puede adquirir una cierta paz de espíritu, en el centro de una gran ciudad, al margen de los vasos, copas o platos que te pongan delante. De producirse este caso, la Rambla de Catalunya se llevaría un buen puñado de estrellas. A poca voluntad que uno ponga, acostumbra a encontrarse a gusto.

El Metro también se expande y llega a los suburbios. Con más lentitud de la que sería necesaria, pero se nos asegura que hace lo que puede. Choca, a veces, con el descampado y con las construcciones pretendidamente utilitarias y al margen de cualquier intención de belleza.

La Diagonal

L leva un nombre tan definidor, tan exacto, que los cambios de rotulación dictados por los azares políticos y sociales no han influido jamás en la conciencia popular. Divide la ciudad diagonalmente, en dos mitades de áreas muy equilibradas, y este hecho incontrovertible ha determinado que los barceloneses la hayan bautizado de una vez para siempre.

La Diagonal es una de las fronteras urbanas más significativas. Ya he señalado anteriormente que la cuadrícula trazada por Ildefons Cerdà se rompió al llegar a este punto, entre otras razones porque tropezó con una villa de Gracia perfectamente establecida y consolidada. La expansión hizo lo que algunos insectos voraces: cuando encuentran un obstáculo, si no pueden vencerlo, lo rodean. Se extendió tímidamente en dirección a Sant Gervasi y el Putxet, y con más ímpetu hacia el Camp de l'Arpa. Hallaba pueblos y barrios que se iba tragando, engullendo unos casi beatíficos parajes prácticamente rurales, que los barceloneses utilizaban como lugares de veraneo: Sarrià, Horta, Vallcarca, Vallvidrera, el Guinardó... Ahora parece increíble, pero quedan todavía testimonios válidos: aquellas torres que han resistido el ataque del crecimiento ciudadano. El hecho se debe, generalmente, a tozudeces testamentarias, a heroísmos familiares o a posiciones holgadas que permiten esperar con segura confianza la subida constante de los precios de los terrenos. Son construcciones que pertenecen a una época en la que era moda bautizarlas con nombres simbólicos. A menudo se trataba de una dedicatoria del cabeza de familia a su mujer, un delicado homenaje conyugal.

La Diagonal es nuestra expresión peculiar de un fenómeno que he observado en otras grandes ciudades de Europa y de América. Es una avenida amplia, digna y con una cierta belleza, donde todo da la impresión de que ha sido pensado para que se pueda pasear por ella cómodamente a pie o montado. Pero ocurre que los barceloneses han acordado (supongo que tácitamente, sin asambleas previas) que prefieren contonearse por otros parajes de mayor tupidez humana, más pintorescos. Puede que contribuya a ello el hecho de que la Diagonal es la vía rápida para salir de la ciudad, el enlace entre las autopistas de levante y poniente. Las estadísticas nos dicen que la media diaria de circulación por sus carriles es de más de 100.000 vehículos, circunstancia que sin duda asusta a los peatones por hermoso y amplio que resulte el espacio que se les reserva. Imagino que cuando se escoge un lugar para vagar por una ciudad, el espectáculo de los que quieren salir de ella con las ruedas a todo rodar debe de resultar más bien perturbador.

Conste que estas meditaciones o constataciones no van en modo alguno en detrimento de la Diagonal, que marca el tono de Barcelona en tanto que ciudad moderna y equilibra el peso de los siglos de antigüedad que tenemos cerca del mar. Con la sabiduría propia del instinto popular, los ciudadanos consideran la raya de la Diagonal como la

Se podría asegurar que los barceloneses no tan sólo utilizaban los tranvías, sino que los amaban. Tenían paradas fijas y podían ser cazados al vuelo, un deporte ciudadano que hoy es imposible practicar.

división entre la parte alta y la parte baja metropolitanas. Son aspectos distintos. En esta gran avenida hay unas cuantas muestras de la arquitectura actual e, incluso, intentos de rascacielos, guardando las distancias debidas entre el modelo original americano –abrumador– y las versiones europeas, mucho más modestas. La Atalaya de Barcelona es un excelente mirador para contemplar la ciudad de mar a montaña.

Otras avenidas, otros parajes

Barcelona tiene, naturalmente, otras avenidas dignas de consideración. Puesto que ya he confesado que voy a ampararme en impresiones subjetivas, puramente personales, las reseñaré a mi manera. En cuanto a impresiones objetivas las hay verdaderamente impecables y no me atreveré a enmendar páginas ni a hacer añadidos.

El paseo de Sant Joan es un caso aparte: parece que se le haya asignado una misión intermedia entre pasear y correr. Por lo menos ésta es la impresión que me produce, sobre todo en el tramo comprendido entre el monumento a Jacint Verdaguer y la Travessera de Gràcia. Es un lugar perfectamente adecuado para que jueguen los niños y descansen los ancianos, combinación ciertamente encantadora. Es posible que me deje llevar por un cliché descolorido, puesto que todo cambia y la realidad devora los recuerdos. En cualquier caso el paseo de Sant Joan no tiene un carácter uniforme: presenta transmutaciones notables. En el tramo Jacint Verdaguer-Tetuán no hay tantos ancianos tomando el sol ni tantos niños jugando (quizá ninguno, o poquísimos, ya que lo cito) y, por el contrario, la motorización vuelve por sus fueros. Estos cambios súbitos provocan indecisiones a los urbanistas, y la plaza de Tetuán es un buen ejemplo de ello. Durante mucho tiempo, y a través de administraciones municipales de signo distinto y contradictorio, se ha ido dando la impresión de que nadie sabía qué hacer con la plaza. Proyectos, bueno; realización, ninguna. Finalmente, ha sido providencial volver a instalar allí el monumento al doctor Robert, que nadie sabía dónde colocar para que no estorbara política ni urbanísticamente.

Y aquí tengo que expresar una duda, si se me apura, producto de la ingenuidad o del culpable vicio de pensar mal. El monumento al doctor Robert fue una de las víctimas de la derrota del nacionalismo catalán en la guerra civil. Los vencedores se apresuraron a desmontarlo, como algo que les urgía, y lo arrinconaron por piezas en un almacén de mala muerte. Sospecho que si hubieran tenido una enorme trituradora, capaz de reducir a polvo la piedra y el bronce, la hubieran utilizado para olvidarse del tema. Pero no la tenían y, además, había otros monumentos también condenados, con lo que el trabajo hubiera sido enorme.

El caso es que el monumento al doctor Robert quedó convertido en un rompecabezas abandonado en un cuarto trastero. Y cuando la rueda de la historia nos trajo esto que hemos dado en llamar la transición democrática, aparecieron unos memoriales de agravios en los que figu-

Esta simpática figura, compuesta de caballero, carruaje y caballo, ya no existe como elemento normal, cotidiano, de Barcelona. Pero la reviven periódicamente la celebración de fiestas como la de los Tres Tombs y, todos los días, unos servicios turísticos que pasean a los clientes por la ciudad, a tanto la hora.

raba la reaparición del monumento. Me parece recordar que la primera fase de las negociaciones se centró en el emplazamiento. Una reparación auténtica de la ofensa inferida a la ciudad reclamaba que fuera devuelto al mismo lugar de donde se arrancó, pero parece que hubo reticencias. ¡Cualquiera sabe! Lo cierto es que, al final, los técnicos dictaminaron que la plaza de la Universitat no podía aguantar el peso de la obra reconstruida, conclusión que despertaba escepticismo puesto que se trata de una plaza que lo ha aguantado todo. Se inició entonces la etapa de buscar un lugar idóneo, y durante cierto tiempo dio la impresión de que no encontraba acomodo, hasta que alguien sugirió la plaza de Tetuán. Un hallazgo altamente diplomático, porque la plaza de Tetuán es un lugar aséptico, un lugar de paso, entre otras razones porque también es la confluencia de una de las vías de salida rápida –o casi– de Barcelona: la Gran Via de les Corts Catalanes. Es una avenida con tramos de excelente apariencia y una notable variedad de ambientes, pero es asimismo de las que no cuentan con la predilección rondadora de los barceloneses. Yo diría que la utilizan, sencillamente, cuando les viene de paso para ir a otro lugar. Temo que el monumento al doctor Robert no volverá a ser nunca lo que fue, por lo que se refiere a la fisonomía urbana y a los sentimientos colectivos. Además está oculto por una masa vegetal que incluso impide ver la marcha de las obras, como para disimular púdicamente que van despacio por culpa de ese rompecabezas inextricable.

Es posible que al final quede como una especie de desagravio de compromiso para que las susceptibilidades más agresivas no se sientan heridas.

En cuestión de monumentos, Barcelona no ha tenido especial suerte. Gozamos de algunos dedicados a personajes o símbolos que prácticamente ignoramos por qué están ahí y, por contra, estamos en deuda con una serie de personajes y efemérides que jamás han existido. La verdad es que buena parte de culpa hay que darla a las desgracias históricas que nos han afligido, impidiéndonos trabajar a gusto y con la necesaria continuidad. ¡Y ojalá esto no sea una excusa que me invento para parar el golpe! De todas maneras es totalmente cierto que muchos monumentos se han visto afectados por los avatares de la política (igual que la toponimia ciudadana) y han aparecido, desaparecido y reaparecido casi sin dar tiempo a considerarlos desde el punto de vista estético.

Volviendo al paseo de Sant Joan y a sus mutaciones, hay que subrayar el carácter de la parte que va desde la plaza de Tetuán hasta el Arc de Triomf. Este último es nuestra contribución a la corriente triunfalista inventada (parece) por los romanos. Les dio más por los arcos que por las pirámides y construyeron algunos muy notables. Nuestra imitación aproximada no es, ni mucho menos, de las más majestuosas, pero tiene un significado que perdura en el recuerdo: fue el pórtico de la Exposición Universal del año 1888, que representó un hito importante en el desarrollo de la ciudad.

En cuanto se cruza el Arc de Triomf, por debajo o por sus costados, descendiendo, el paseo de Sant Joan pierde su nombre y se entra en unos jardines que, quién sabe por qué, adoptaron en épocas recientes la denominación de "Salón". Quizá es porque en ellos volvemos a encontrar a personas de edad provecta que toman el aire libre y niños dedicados a sus juegos, todo ello delante mismo del Palacio de Justicia por un lado y de los edificios del Registro Civil por otro, cosa que no deja de ser altamente simbólica.

Un poco más allá, a un paso, está el Parc de la Ciutadella, que es una isla de paz: lo que se suele llamar uno de los pulmones de la ciudad. Y lo que he dicho de la paz, refiriéndome al recinto de este parque, también refleja una de las notaciones singulares de Barcelona, ya que se trata de un espacio que nació bajo el signo de una de nuestras guerras perdidas. Como castigo por la resistencia opuesta a sus tropas, Felipe V ordenó la destrucción del barrio de la Ribera, con la demolición de 1.200 edificios para construir en su lugar una fortaleza que apuntara contra la ciudad. El rey conquistador hizo construir allí un gran arsenal, cinco baluartes, una gran cárcel y una enorme explanada para ejercicios militares y ejecuciones, además del palacio del gobernador. Todo un panorama de derrota, para que los barceloneses no olvidaran jamás que estaban bajo el yugo de un ejército de ocupación. Pero Felipe V no contaba con la gran capacidad que tiene Barcelona para suavizar sus heridas hasta cicatrizarlas, o casi. Debe de tratarse de un largo entrenamiento en recibir ofensas y del aprendizaje en repararlas: ambas cosas nos han dado oficio. Como ejemplo característico tenemos que, el arsenal, tan amenazador en sus orígenes, se ha ido amansando y ha pasado por distintas etapas de civismo progresivo: residencia de María Cristina, Museo de Arte Moderno y Arqueología y, para acabar de remacharlo, sede del Parlament de Catalunya en dos ocasiones (por ahora). Como reparación de agravios, hay que reconocer que no está nada mal. Es un edificio lleno de dignidad formal, que se presta a ir siendo utilizado según sople el viento.

El Parc de la Ciutadella queda bien, tiene un gran poder sedante. Últimamente, ha recibido el beneficio de unas autoridades que tratan de mostrar su amor por la ciudad, en contraste con la actuación contraria de los que han mandado en otras épocas. Se ve más ordenado, más pulcro, pese al poder ensuciador de las masas. Tiene rincones más deliciosos, un toque que no sé si calificar de *kitsch* o de *camp*, definiciones ambas prestadas por otros idiomas ya que el nuestro no las tiene todavía propias, y que espero que el lector comprenda.

Hay cosas, como la fuente monumental de Gaudí, que son imprescindibles para estudiar la evolución de un genio. Parece que se trata de una obra preliminar de Gaudí, cuando debía de encontrarse bajo la influencia de perseguir el éxito oficial, bajo el peso y la necesidad de frenarse. Ciertamente, que no del todo, puesto que la fuente monumental ya tiene detalles que hacen presentir algo muy grande. Entre los recuerdos de mi infancia hay uno que ha persistido extrañamente: ante la fuente de Gaudí, durante mucho tiempo, hubo un muñeco que fasci-

La ciudad tiene cierta vocación monumentalista, pero sabe alternarla con detalles caseros. En este caso, la fuente monumental en la entrada de lo que fue recinto de la Exposición Internacional del año 1929, se deja recortar por el paso de un tranvía-jardinera, muy adecuado para pasear, y poco para ir con prisas.

naba a los niños: una caricatura de payés catalán, un cuclillo[1] de tamaño natural con barretina incluida. Llevaba un bastón con una ranura en el puño, una hendidura en la que se podía introducir una moneda (seguramente cinco o diez céntimos), a cambio de la cual el muñeco inclinaba la cabeza, abría una boca enorme y soltaba una flauta de caña, más bien tosca, teñida con anilinas de colores vivos. Los pequeños beneficiarios del prodigio recogían el instrumento sin acabar de entender el milagro. Ésa es, al menos, la impresión que a mí me ha quedado. Todavía hoy me pregunto cómo debía de funcionar el curioso mecanismo, por lo lejos que estábamos de la era de las pilas y la electrónica. A veces, el cuclillo se estropeaba, pero todo estaba previsto: había un empleado cerca, con una especie de papelera al lado llena de flautas de caña, y si se producía el fallo se apresuraba a alargar al cliente –por infantil que fuera– el producto prometido a cambio de su pieza de cobre. Pero no era lo mismo: el niño (lo sé por experiencia) se sentía un poco desencantado.

El Parc de la Ciutadella es un parque con muchas teclas y, en cierta manera, simboliza la mezcla de malicia e ingenuidad característica de los barceloneses. Alberga museos, atracciones y animales, altas instituciones, puestos de comida y bebida, estatuas de prohombres, parajes especialmente propicios para el recogimiento y la meditación y otros que invitan a una excitación pasajera, aunque sin estragos, como por ejemplo la jaula de los monos. Volviendo a la mezcla de ingenuidad y malicia, he de referirme de nuevo a la fuente monumental de Gaudí. Es evidente que fue pensada para impresionar, a base de una recreación neoclásica que, para empezar, sospecho que no convencía ni a su diseñador, que sin duda ya estaba pensando en otra cosa. Como contrapeso, a alguien se le ocurrió que la fuente era adecuada para instalar en ella una de aquellas atracciones tan inocentes llamadas el túnel del miedo y de la risa. Se entraba por una parte, después de adquirir el billete correspondiente, y el usuario era sometido a una serie de sobresaltos en cadena: medio a oscuras, le salían al paso brujas, demonios, esqueletos, puentes que se tambaleaban al pasar y otras amenazas que, por más que uno sepa que no va a pasar nada irreparable, siempre dejan un margen de duda. Eso era el miedo. La risa, un poco histérica, se encontraba en el otro extremo, a la salida, cuando la parroquia trataba de demostrar que se había divertido a base de bien. Por mi parte no puedo evitar el ver en esa actitud todo un símbolo.

Barcelona tiene otros parques notables, de dimensiones diversas y connotaciones distintas. Nos quejamos, con razón, de falta de espacios verdes, sobre todo cuando pensamos en otras ciudades más afortunadas en este aspecto. Pero como la envidia es mala consejera y ya se nos ha dicho que el secreto de la felicidad –si es que existe– está en contentarse

1. Cuclillo, en catalán *cucut,* fue transformado como símbolo en un payés con barretina, sonriente y burlón, para combatir el centralismo y el lerrouxismo. Su caricatura se hizo muy popular a través del semanario barcelonés *¡Cu-cut!,* que alcanzó una gran difusión a principios de siglo.

Las estructuras de hierro, que dieron lugar a una arquitectura muy característica, tienen en la

Estación de Francia una
expresiva muestra, llena de
interés.

con lo que se tiene, no podemos negar nuestro reconocimiento por habernos tocado la lotería de algunos rincones deliciosos, plazas pequeñas y medianas, calles con una personalidad singularísima y alguna avenida fea pero con cierto atractivo natural, indefinible, como el de aquellas personas aparentemente poco favorecidas, pero que tienen ángel. Lugares que si explicamos como son o los fotografiamos como se ven engañan, porque hay que verlos y palparlos para comprobar que poseen unos dones que no se rinden a simple vista. El hombre tiene un espíritu explorador que ha dado páginas memorables a la ciencia y a la literatura. Si el hecho de dar consejos no constituyera una indiscreción casi siempre imperdonable, me atrevería a estimular ese espíritu explorador (quien más quien menos lo tiene), y entonces se vería si tengo o no razón. Barcelona es una ciudad llena de sorpresas. Llegado a este punto, siento la necesidad de buscar padrinos ilustres, y encuentro (me va como anillo al dedo) una frase de Balzac (en *Un drama a la orilla del mar*) que dice: "La belleza de ciertos parajes no está en ellos mismos, sino en nuestra manera de mirarlos y en nuestra disposición de espíritu". En principio parece sólo un recurso literario, pero estoy seguro de que no lo es. Ahora bien, lo de la buena disposición de espíritu, que en el caso que nos ocupa es lícito esperar de los barceloneses, no parece tan claro cuando se trata de los forasteros: hay una especie de modestia que nos impide pedirles en exceso a los demás. Lo que es evidente es el poder de atracción de Barcelona, a juzgar por la cantidad de gente foránea que ha ido absorbiendo y que se queda en ella, a veces quejándose y refunfuñando como los nativos. Pero se quedan. Es un tópico, apoyado por la historia, que somos una zona de paso, proclive a servir de camino a migraciones de gran volumen. Pero por lo visto somos un camino con parada y fonda –si se me permite la expresión–, porque el espacio que nos destinaba la naturaleza se ha comprimido hasta convertirnos en una de las concentraciones urbanas más densas del mundo. Ignoro si en esta competición de interés tan discutible nos corresponde medalla de oro, de plata o de bronce, pero he leído que hemos subido al podio.

Una descripción puntual de la ciudad me obligaría a hablar del Paral·lel, una avenida, un ámbito, que vive fundamentalmente de los recuerdos, de un pasado reciente que le dio mucho prestigio. De acuerdo con mi promesa de ceñirme a unos puntos de vista personales, diría que el Paral·lel de hoy me evoca, patéticamente, el caso de aquellas estrellas de revista a las que contribuyó a hacer famosas, en algunos casos internacionalmente. Fueron envejeciendo resistiéndose heroicamente a la decrepitud, con la ayuda de la cosmética, pero se les notaba que los años no pasan en balde. En descargo del Paral·lel añadiría que le ha fallado la cosmética urbanística, que se le ha dado bastante de lado y que actualmente se defiende como puede, con unos teatros que se anuncian a base de carteles a toda fachada, que a mí me provocan una desazón especial. Pero ya he declarado que todo esto es personal, y no desaconsejaría una visita, una pasada, por este lugar de Barcelona.

Entre otras curiosidades ofrece el espectáculo de las chimeneas de una fábrica de electricidad amorosamente conservadas, que alguien intenta convertir en uno de los símbolos de la ciudad. Quién sabe. Puede que sí...

Otras grandes avenidas, como por ejemplo la Meridiana, me dan la impresión de desguaces metropolitanos. No han nacido bajo el signo de la belleza, sino del servicio: cuando una ciudad se derrama necesita salidas, y esta función la cumplen, a duras penas, porque las quejas motivadas por su insuficiencia son constantes. En cualquier caso el propósito de este libro no es ocuparse de cómo salir de Barcelona (pese a que sus alrededores no son en absoluto desdeñables), sino de invitar a ver lo que hay dentro.

Pequeño esbozo de mi barrio

U na mirada al plano de Barcelona nos enseña que el barrio de Sant Antoni es una zona fronteriza en forma de cuña. Del mar hacia la montaña, limita a la derecha con la Ciutat Antiga, a la izquierda con la Fransa y el Poble Sec, y la punta de la cuña parece que quiera clavarse en los Horts de Sant Bertran en busca del puerto. La parte alta queda netamente cortada por la Gran Via de les Corts Catalanes. Visto así en conjunto sobre el mapa, el barrio queda como una isla muy bien trazada. Según y como, más que una cuña, parece una flecha que apunte hacia Hostafrancs.

Pero la sensación de isla persiste, por lo menos considerándolo desde la cartografía. Hay otros factores más entrañables que unen más a la pequeña humanidad que habita este espacio. Para muchos vecinos se trata, simplemente, del barrio del Mercado, porque la institución da carácter a un montón de calles, de comercios e, incluso, a una serie de familias que de padres a hijos han mantenido una gran fidelidad a este pedazo de geografía. El mercado irradia vida propia y es centro y motivo de actividades subsidiarias. Aparte de los *Encants*, que a días fijos convierte el barrio en una especie de feria árabe, hay un sinnúmero de tiendas que son como puestos complementarios del mercado, que se derrama más allá de sus límites. En cada chaflán tenemos al clásico colmado de la esquina, y en esos aledaños aparecen siempre las cacharrerías, mercerías, cesterías, herbolarios, talabarteros, alguna planchadora y alguna bordadora, y farmacéuticos nostálgicos que expresan su pequeña protesta romántica contra el materialismo de esta vida (dejando una puerta entreabierta para que pueda verse el mostrador de mármol y los almireces y los cacharros de fabricar mejunjes que utilizaban los antecesores del propietario). Hay también, muy cerca de mi casa, un óptico anciano que todavía receta gafas para la vista cansada por tanteo, y lo curioso del caso es que parece que acostumbra a acertar. Tiene montones de gafas en el escaparate, en un maremagno impresionante que sólo él domina. Pero lo domina a fondo y posee un don especial

Este espacio más o menos verde que va desde el Arco de Triunfo hasta el Parc de la Ciutadella, ha sido objeto de

múltiples experimentos urbanísticos y de cambios de nomenclatura.

para encontrar en seguida, en cada caso, la montura adecuada. Su escaparate es una de las cosas más superrealistas que pueden verse en Barcelona.

Muchos de estos comercios tienden a desaparecer, y es una pena. Alguna de aquellas bodegas que vendían vinos y licores a tanto la medida, alineando sus mohosos bocoyes bien provistos de tubos o pequeños grifos, han desaparecido para ceder el local a sucursales bancarias o de cajas de ahorros que van robándole calor al barrio. Es un proceso irreversible que va afectando a los pequeños negocios, que por lo visto ya han dejado de serlo. El mal es que quizás ya no podremos enlazarlos con los grandes negocios –la crisis es dura– y corremos el peligro de quedarnos a la vez sin la pequeña tiendecita y sin las ostentosas oficinas con caja blindada y registradoras electrónicas. Y el barrio se resentirá de ello porque perderá el caballo y la montura.

Uno de los puntos consistentes de la zona es la feria dominical del libro, que ofrece la deliciosa paradoja de ser albergada, también, por el mercado. El cual parece una clueca que da para todo: una madraza. Cada primer día de la semana, día de fiesta y reposo, cesa la algarabía en el interior del mercado, se cierran los puestos de frutas y verduras, pescaderías, pollerías, tocinerías, carnicerías... todo el abigarrado mundo dedicado a las necesidades ciudadanas de poner la mesa a horas fijas. Pero es una calma engañosa: fuera, en el perímetro habitualmente ocupado por los puestos de venta de ropas y miscelánea en general, se ha producido una transformación milagrosa. Han apartado los tendales y han surgido, en cuestión de poquísimas horas, los puestos de libros, con otros comerciantes y otro público. Queda, flotando en el aire, un olor a papel viejo y a pescado. En lugar de clientes que toquetean una lechuga –pongamos por caso– para comprobar su estado de conservación, ha aparecido el explorador a la búsqueda de ejemplares impresos difíciles de encontrar. Y si tiene suerte y encuentra alguno, también lo palpará atentamente.

Entre el mercado, los "encantes", la feria de libros y las tiendas paralelas ocasionan unas mutaciones sensacionales, de aquellas que un determinado teatro moderno persigue sin acabar de conseguir. Es un fregolismo impresionante.

Es natural que los vecinos del barrio nos interesemos profundamente en todo este revuelo. Son cosas que unen, nos hacen sentir inmersos y solidarios. Nos conocemos, nos queremos, nos criticamos sin mala intención. Ahora que se habla tanto de cómo las grandes ciudades deshumanizan, resulta que los habitantes del barrio de Sant Antoni tenemos la suerte de haber quedado como muestra de un mundo en fase de extinción. ¿Seremos una reserva indígena? ¿Hay otros barrios en Barcelona que también puedan tener este consuelo de supervivencia? Yo pienso que sí, y es por ello que siento un gran amor (ese amor que incluso despierta ternura y comprensión por los defectos) por mi ciudad, por nuestra ciudad.

Las montañas

L a observación de los párrafos anteriores no excluye el importante papel que juegan los miradores, naturales o artificiales. He comprobado que una de las primeras cosas que hacen los viajeros cuando llegan a una ciudad es intentar trepar, subir, para tener una visión de conjunto. Creo que una de las causas de la fama universal del Empire State Building y de la torre Eiffel (para recurrir a dos ejemplos que en seguida se ponen siempre a tiro) se debe a la impaciencia por la contemplación panorámica que sienten los turistas. Por la parte que me toca, a mí me ha ocurrido siempre.

Barcelona, en el sentido de poderla admirar desde una altura adecuada, tiene la suerte de contar con dos montañas fantásticamente bien situadas: el Tibidabo y Montjuïc. Ambas tienen un carácter bien diferenciado, cosa que requiere una atención especial.

El Tibidabo me desafía de entrada con su denominación. ¿Qué significa este nombre tan extraño a nuestra manera de nombrar? Es evidente que Collserola le es mucho más propio, pero también lo es que los barceloneses, en un plebiscito no convocado, anónimo, misterioso, acordaron tácitamente y de una manera definitiva llamarle Tibidabo.

Hoy, si un forastero preguntase a un ciudadano nativo dónde está el Collserola y cómo se llega a él, hay muchas probabilidades de que el barcelonés fuera víctima del desconcierto y no pudiera prestar gran ayuda. Pero si le preguntaran por el Tibidabo, con extender el brazo y decir cuatro palabras daría una orientación exacta.

Recuerdo haber leído en alguna parte unos intentos de interpretación erudita del fenómeno, pero la idea que me dejó fue la de un "farol" en latín macarrónico que, con toda seguridad, se debe a mi falta de conocimientos sobre la materia. Dejando todo esto a un lado como una pura anécdota, el hecho real es que el Tibidabo es un mirador espléndido. La privilegiada situación de Barcelona entre mar y montaña consigue vencer todas las prevenciones contra las densidades urbanas, llegando a introducirnos elementos de una belleza innegable.

Cuando los especialistas hablan de espesas concentraciones urbanas, Barcelona aparece en un lugar preeminente, justo detrás de Calcuta, El Cairo, Tokio, Ciudad de México o cualquier otra de las que entran en esta liza. No parece una ganga envidiable... Pero he aquí que, contemplada desde el Tibidabo, nuestra aglomeración urbana no aparece amenazadora ni inquietante: más bien suscita otro tipo de reflexiones. Admira la capacidad del hombre para construir sus nidos, y cómo a través de muchos años que acaban sumando siglos, después de escoger concienzudamente un paraje que le resulte agradable, reuniendo unas imprescindibles condiciones de habitabilidad, planta primero cueva, después barraca y, finalmente, casa de paredes sólidas. Supongo que debió de funcionar así. Estremece pensar en los empachos de picar piedra, de colocar ladrillos y tejas y de levantar pisos que han sufrido nuestros antecesores a través de muchas generaciones. Sin contar con

En el proceso de su crecimiento, las ciudades se olvidan de pequeñas islas y de mundos perdidos, en los cuales incluso los personajes parecen anclados en tiempos pretéritos.

que seguimos igual, pese a las crisis periódicas del ramo de la construcción.

Me imagino que nuestros ancestros, en forma de tribu prehistórica, debieron de quedar encantados al llegar aquí. Digo "llegar" porque creo que debían venir de alguna parte: no puedo concebir que surgieran de la tierra como una simiente germinada por la lluvia. La cuestión de fondo es que contemplar la llanura de Barcelona desde las alturas confirma su poder de despertar las ganas de quedarse en ella, y de volver si los azares de la vida te obligan a dejarla. Esto último lo afirmo como resultado de mi experiencia personal: he conocido lugares más tentadores, pero ninguno capaz de ejercer sobre mí tanta seducción. Lo cual no tendría el menor interés, si no fuera por el hecho de que formamos legión los que compartimos este sentimiento. Las estadísticas cantan a base de millones.

Es evidente que podrían decirse cosas parecidas de cualquier gran ciudad de este planeta, pero el Tibidabo permite verificarlo teniendo la metrópoli a los pies, o en la palma de la mano, para valerme de una imagen más respetuosa. Como montaña, la altitud es modesta: 512 metros fáciles de escalar no son un desafío para ningún alpinista. Pero, por ahora, no hay ninguna torre ni rascacielos que haya llegado tan alto, tan cerca ni tan abiertamente. He visto ciudades de miradores bastante aceptables, pero siempre quedan un poco lejos y con neblina, o si no el conjunto aparece roto por accidentes orográficos de variable tamaño. Si estas líneas fueran un artículo de periódico, estoy seguro que el director recibiría alguna carta enmendándome la plana y exponiendo ejemplos decisivos que demostrarían que tengo una visión parcial. Tendrían razón. Y menos mal si no me echaban en cara que la pasión me ciega, debilidad humana que nunca he sido capaz de superar totalmente.

El Tibidabo vuelve a presentar, a mi manera de ver, aquella mezcla de inocencia y malicia que el Parc de la Ciutadella pone en evidencia. También hemos querido convertirlo en un centro de atracciones mecanizadas para niños de todas las edades, a diferencia –pongamos por caso– de los grandes parques americanos, en los que las atracciones han sido pensadas principalmente para los adultos con un trasfondo de brutalidad. Antes ya me he permitido invocar mis recuerdos infantiles, sacando a colación al cuclillo que escupía flautas de caña, enfrente mismo de la fuente monumental de Gaudí y a pocos metros de la taquilla donde vendían las entradas para el circuito de los sustos. Pues bien: el recuerdo que conservo de las atracciones del Tibidabo de cuando era niño, iba en el mismo sentido. Cuando me llevaban (no dejaba de ser un acontecimiento), primeramente me acompañaban a la sección de los autómatas, una curiosa anticipación de los androides actuales, pero cargados de buena fe. Protegidos por unas vitrinas que me recordaban las que había sobre las cómodas de las masías, destinadas a guardar los santos de la devoción de la señora de la casa, los robots no se movían hasta que los visitantes depositaban monedas en las ranuras que eran la

El fútbol es una de las pasiones de los barceloneses, no exactamente para jugarlo (esto es otra cosa), sino en calidad de espectadores. En épocas difíciles, les ha servido para desahogarse.

base de su existencia. Entonces se producía el milagro: los muñecos se ponían en movimiento. Había uno que tocaba la mandolina, otros –una pareja de bailarines– iniciaban una danza romántica, un buzo con escafandra que descendía hasta el fondo del mar, dejando escapar aquellas burbujas imprescindibles de cuando se trata de aventuras submarinas. Y otros, muchos otros. Incluso una procesión completa, con imágenes bajo palio, curas, monaguillos y un público de fieles que desfilaban ceremoniosamente ante una escenografía montserratina. Ignoro si todo eso aún existe, pero supongo que en el mejor de los casos habrá cambiado. Los años han ido transformando el tono de mis ilusiones, y hace tiempo que no subo al Tibidabo. Pero la última vez que lo hice ya empezaba a haber otro tipo de máquinas, más de bar o de taberna que de paisaje para serenar el espíritu.

Como contrapunto (la equivalencia del túnel del miedo del Parc de la Ciutadella), los encargados de explorar comercialmente el Tibidabo habían instalado un museo de la Guerra Europea. En aquel tiempo todavía no se llamaba la Primera Guerra Mundial, por razones obvias. También había que pagar para entrar, naturalmente, pero el recorrido era muy emocionante. Ésta es la impresión que se me ha quedado en la memoria, magnificada por el poder depurador de los recuerdos. Había trincheras, nidos de ametralladoras, piezas auténticas –decían– esparcidas por el campo: fusiles con bayoneta calada, morteros, granadas, cascos y uniformes con los distintos grados de los bandos en lucha. De vez en cuando, en unas mirillas abiertas entre parapetos de sacos de tierra, había unos periscopios a través de los cuales se ofrecían visiones estremecedoras: un soldado herido con el gesto de estar en las últimas, un tanque que avanzaba con toda la intención de querer aplastar al periscopio, al visitante y a todo el montaje, un cañón que apuntaba al parapeto.. Algo así como lo de las brujas, los demonios y los esqueletos, pero un poco más bestia. A intervalos había unos montajes escénicos, con unas figuras hieráticas que representaban a unos oficiales de Estado Mayor que estudiaban mapas extendidos sobre las mesas de campaña. Si uno había hecho el esfuerzo de aceptar buenamente lo que le daban, poniendo imaginación y voluntad, se conseguían resultados cercanos a lo que se proponían los organizadores. Y, al final, también salías del recinto con la cara crispada pero con ganas de demostrar que se había pasado un buen rato. Para los niños, que en aquella época coleccionábamos cromos de la Guerra Europea, se suponía que nos habían brindado una experiencia muy ilustrativa.

Explico estos detalles, que pueden parecer superfluos porque me parece que ayudan a tratar de entendernos a nosotros mismos y, quizá por extensión, a la humanidad en general. Además, por lo que a la ciudad se refiere, creo ver ahí unas constantes que en lugares de fisonomía distinta señalan unos rasgos comunes, lo cual no es tan extraño como podría parecer. Subir al Tibidabo y montarse en la famosa atalaya o tomar billete para aquel avión tan inocente, es como tratar de clavar clavos de gran tamaño con un martillo de tapicero. La montaña, en sí

Catalunya mantiene celosamente la tradición de las Fiestas Mayores. Pueblos y ciudades las celebran con un relevo generacional que por ahora no cesa. Barcelona conserva más de una: las poblaciones absorbidas y convertidas en barrios, aseguran la supervivencia de esta costumbre popular.

misma, es una atracción formidable y todo cuanto le añadan es sólo para adornar, dentro de unas exigencias demóticas sencillas. No hacen ningún mal. Y quizá –digámoslo también– tampoco estorban a nadie. Tengo la convicción de que quien siga el consejo de subir al Tibidabo, no nos lo echará en cara.

Montjuïc

E s una montaña con una silueta oscura y recortada, que tiene dos caras y que en algunos momentos de la historia ha llegado a tener tres. Tiene tendencia a dar a sus vertientes un carácter diferente, casi enemigas una de otra, más allá de las oposiciones impuestas por la naturaleza. Todavía hoy, en el momento en que escribo estas líneas, Montjuïc tiene dos caras y esto, en una montaña orográficamente ponderada, con unos 173 metros de altitud que requieren pocas curvas de nivel para configurarlos sobre el mapa, no deja de producir algún desconcierto. No es fácil explicarlo, porque en una de las caras está el Cementeri Nou y en la otra, a dos pasos, un alegre parque de atracciones, con luces de colores, música mecánica a todo volumen, puestos de refrescos –o bebidas de alta graduación– y restaurantes con pretensiones variadas que van desde los que sirven platos a la carta hasta tiendas de lona que venden aquello que los norteamericanos denominan (inescrutablemente para nosotros) *hot dogs*. Entre unos y otros, fatalmente, hay puestos que ofrecen patatas fritas y papilionáceas y semillas de todo tipo, tostadas, listas para el consumo inmediato. Siempre me maravilla que hayamos podido compaginar la muerte a cuatro pasos con las formas más superficiales de la vida, pero ahí está la muestra cotidiana. Tal vez ello diga en favor de la vieja sabiduría de los barceloneses.

Cuando me he referido a una silueta oscura y recortada, creo que pensaba, fundamentalmente, en el castillo que corona la montaña. Pese a los recientes esfuerzos por redimirlo, lo cierto es que no acaba de ser simpático. La culpa la tiene seguramente su historia, el hecho de haber sido fortaleza y prisión, utilizadas en más de una ocasión contra Barcelona. En el año 1842, el general Espartero ordenó el bombardeo de la ciudad desde Montjuïc y, de esta forma tan expeditiva, sofocó una revuelta popular contra el gobierno central. El bombardeo duró doce horas y cayeron sobre Barcelona más de mil proyectiles que destruyeron –total o parcialmente– unos cuatrocientos edificios. Supongo que los artilleros no necesitaban ser tiradores de primera, porque el castillo está mejor situado para disparar contra Barcelona que para defenderla de enemigos exteriores.

En fin: sobre este punto, es oportuno repetir lo que he dicho antes en cuanto al poder desdramatizador de los barceloneses. Poco a poco hemos ido convirtiendo la montaña en un lugar agradable y, también, en un excelente mirador de la ciudad. La tarea tenaz que transformó la agresiva Ciutadella en un paraje pacífico, con rincones casi idílicos, ha

Las calles adornadas, que compiten en unos concursos muy civilizados, constituyen uno de los grandes atractivos de las Fiestas Mayores de los barrios. Los juegos y los bailes al aire libre refuerzan el poder de convocatoria de cada comunidad de vecinos.

tenido sus efectos bien visibles en Montjuïc. Si no tenemos nuevas desgracias, son dos lugares con paralelismos significativos que parecen definitivamente reconquistados.

Es interesante señalar que esta reconquista se ha hecho, en buena parte, a golpes de exposiciones pensadas y proyectadas hacia fuera. La Ciutadella fue el marco de la Exposición Universal de 1888, y Montjuïc sirvió de albergue a la Exposición Internacional del año 1929. En ambas muestras, Barcelona se desmarcó del provincianismo y dio un par de pasos de gigante.

Tenemos una tendencia vocacional a transformar los terrenos de guerra en espacios pacíficos, despacito, porque no nos dejan ir más aprisa, pero con una tozudez que merece un premio.

En su libro *Barcelona, imatge i història d'una ciutat*, Rafael Tasis i Marca se refiere a la obra de un barcelonés, Pere Serra i Postius (1671-1748), que tuvo vocación de cronista de la ciudad y, sobre todo, de testimonio dolido de la destrucción que supuso para Barcelona caer en manos –o bajo las botas– de Felipe V. Serra i Postius relata leyendas que tienen todo el valor de parábolas, como la de un misterioso Leonero de Barcelona. Lo reproduzco textualmente del libro de Tasis (página 235): "...Del Leonero de Barcelona, que tenía a su cargo los leones de la ciudad y los había amansado tanto, que los llevaba a paseo como si fueran perritos. Un día, nos explica, un muchacho se atrevió a dar un golpe en el lomo de uno de ellos, y el león iba a echársele encima para devorarlo, pero el Leonero hizo *ta, ta, ta* y el feroz animal se reprimió tanto que el esfuerzo lo hizo caer muerto en el acto".

Es fantástico, tiene un valor alegórico de los que hacen pensar. El Leonero, simbólico o no, debía de ser en todo caso un cargo oficial y es fácil deducir que los leones servían para asustar y mantener a raya a los rebeldes. El desenlace de la anécdota se asemeja a muchas cosas que han pasado después, consecuencia de las que ya habían pasado antes y de las que todavía nos pueden pasar.

Pero el mismo Serra i Postius nos advierte que es mejor no fiarse demasiado y continúa: "Otro día, en cambio, el Leonero entró en la jaula de sus animales con un traje nuevo y los leones, al no conocerlo, lo mataron, pero al darse cuenta de quién era su víctima, se pasaron ocho días llorando, dejándose morir después de hambre y de tristeza".

Tengo la impresión de que Serra i Postius, en un arranque premonitorio, quería poner en guardia a las generaciones futuras, a las que habrían de conservar su carácter con toda la machaconería de este mundo, porque de lo contrario se las iban a comer los leones. Y quizá acertaba, porque después, aun cuando los leones murieron de pena, la desgracia sería ya irreparable.

Volviendo a Montjuïc, la tarea de domesticarlo y arrancarle su cara oscura ha sido larga y llena de vicisitudes. Pero finalmente (traduzco de la *Gran Enciclopèdia Catalana*): "En el siglo xx Montjuïc se ha convertido en uno de los núcleos de recreo, cultural y deportivo más visitados de la ciudad". Un primer proyecto de urbanización de la vertiente nor-

La calle de Balmes, con dos de sus cruces más conflictivos: en primer término, la Ronda de

la Universitat y, al fondo, la
Gran Via de les Corts
Catalanes.

te, con la previsión de una carretera que uniese la plaza de Espanya con Miramar y un plan de jardines encargado por Cambó a Forestier, fueron completados por Puig i Cadafalch en la parte arquitectónica y por Rubió i Tudurí en la plantación. Después, las construcciones destinadas a la Exposición Internacional de Barcelona dieron lugar a un estadio municipal de los deportes, a una piscina municipal, a un conjunto de fuentes luminosas de gran efecto, a una curiosa recreación, en forma de maqueta de tamaño natural, de diferentes pueblos y monumentos de la Península Ibérica. Ha pasado a la historia –y, por ahora, así sigue– con el nombre de Pueblo Español. Por un azar que siempre que lo recuerdo me maravilla, resulta que cuando yo era niño asistí a un aspecto importante de la gestación del proyecto. Mi padre tenía una tienda de material fotográfico en la calle Major de Gràcia y se había especializado en productos para profesionales. El arquitecto Francesc Folguera y el promotor artístico, pintor e ingeniero Miquel Utrillo (encargados ambos de la realización del Pueblo Español), iban a menudo al comercio de mi padre. Allí compraron máquinas y clichés para fotografiar todo cuanto les interesara en sus viajes por la Península y, a la vuelta de cada uno de ellos, nos traían a revelar los resultados de sus trabajos. Puedo decir que ayudé, en calidad de aprendiz de pantalón corto, a los trabajos de laboratorio encaminados a obtener los documentos gráficos indispensables para unas reproducciones hechas a conciencia. Recuerdo las discusiones que se organizaban en la tienda de mi padre entre él, Folguera, Utrillo y algunos fotógrafos profesionales que se sentían atraídos por el tema. Me consta que Folguera y Utrillo tenían la preocupación de hacer algo que perdurara, por encima y más allá del margen de tiempo que suele concederse a una feria de muestras. Hay que reconocer que lo consiguieron, a pesar de los presupuestos contra los que tuvieron que luchar.

Sucesivamente, Montjuïc ha acogido un Jardín y un Instituto botánicos, el parque de atracciones que ya hemos mencionado, el Museu Antropològic, el Museu d'Art de Catalunya, varias ferias de muestras (Barcelona tiene vocación de ciudad de ferias y congresos), la base del circuito automovilístico Peña Rhin, un museo militar, los estudios de televisión de Miramar y, recientemente, desde el año 1975, cuenta con el Centre d'Estudis d'Art Contemporani (Fundació Miró). Entre unas cosas y otras, una montaña estratégica –término que según quien lo interprete se presta a toda clase de aprensiones– se ha convertido en un paraje que da gusto visitar.

Y repetiría aquí, de buen grado, que el principal encanto de Montjuïc es su privilegiada situación de mirador de la ciudad. Como he dicho antes del Tibidabo. Hay que conceder que, en este aspecto, Barcelona puede ir a concurso con cualquier gran ciudad del mundo, segura de llevarse premio. La vista del puerto desde la cumbre de la montaña (justo desde el lugar utilizado en alguna ocasión para bombardearnos impunemente), permite contemplar el puerto, el mar abierto y la ciudad como si los tuviéramos en la palma de la mano. Son de una gran belleza en cualquier época del año, incluso cuando llueve. ¡Que no es decir poco!

Para acabar la parte que me toca

Lo digo así porque este libro tiene su aspecto más importante en las fotografías. Ha sido concebido como un álbum de familia, en el que los rostros queridos tienen mayor mérito (especialmente si son a todo color) que las notas o efemérides anotadas como cronologías puntuales. Tengo que insistir para no defraudar a nadie: en mi caso, me he dejado llevar por unas impresiones personales, evidentemente mías, pero para quien quiera compartirlas, en la seguridad de que no queda nada en el vacío, de que quien quiera profundizar, tiene a su alcance textos llenos de erudición y de información. Por contra, alguna de las sensaciones que he tratado de reflejar aquí, allí no las encontraría. Vaya una cosa por la otra: todo se complementa, todo ayuda.

Los editores nos dieron libertad absoluta a Català Roca y a mí. Desde las primeras entrevistas, tanto él como yo nos mostramos muy ilusionados con esta oferta y nos propusimos hacer uso de ella. El resultado es éste. Las fotografías de Català Roca no siempre muestran el rostro más conocido de Barcelona, lo que esperaríamos encontrar "de oficio". Con su cámara mágica nos invita a contemplar aspectos y rincones ante los cuales, frecuentemente, pasamos culpablemente sin apercibirnos. Si mis comentarios y su arte son una invitación para detenernos en ellos e intentar comprender mejor –y, por tanto, saber amar mejor– el presente libro, no podrá ser acusado de inútil.

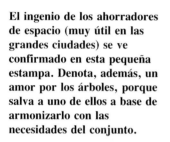

El ingenio de los ahorradores de espacio (muy útil en las grandes ciudades) se ve confirmado en esta pequeña estampa. Denota, además, un amor por los árboles, porque salva a uno de ellos a base de armonizarlo con las necesidades del conjunto.

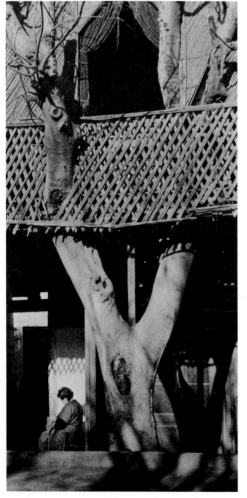

En muchas fachadas, incluso en algunas de aspecto modesto, pueden verse detalles que denotan una gran ambición decorativa.

Muy temprano descubrió el hombre (mirando hacia atrás los milenios son cosa de nada) que la piedra es un magnífico material para construir murallas, templos, palacios, viviendas. Poco a poco la fue dominando, hasta pasar de los bloques rudimentarios cuyas formas apenas permitían que pudieran sostenerse en pie, hasta la filigrana de tallarla y pulirla hábilmente a fin de expresar unas inquietudes artísticas, suntuarias o de poder.

Estas dos imágenes ilustran una parte del proceso, que nunca cesó en su afán de perfección formal hasta conseguir que los cinceles adquirieran la sutil habilidad de las agujas de bordar. Nos muestran, además, cómo Barcelona conserva un cierto amor –sometido a múltiples altibajos– hacia una valiosa herencia, que es como un árbol genealógico con el tronco y las ramas petrificados por el paso del tiempo. Pero al que le nacen constantemente nuevos brotes...

La muralla primitiva es una prueba de que nuestros antepasados fueron ya grandes trabajadores. Picaban piedra y la acarreaban. Y debían de tener el miedo en el cuerpo (eterna servidumbre humana) porque levantaban paredes para protegerse siempre de algo. Por lo menos sirvió para que sus descendientes, nosotros, tuviéramos ocasión de comentar ahora, con ilustraciones a todo color, lo que quedó de su esfuerzo.

A la derecha de la página, un capitel y parte de las columnas del templo romano de Augusto. Curiosamente, y durante muchos años, los barceloneses han llamado a estas columnas "las columnas del Centre Excursionista de Catalunya", porque fueron descubiertas en el local de esa entidad, el año 1905, durante la reconstrucción del edificio.

La foto de la izquierda nos muestra que el arte de trabajar la piedra experimentó un proceso de superación constante. La denominada "Puerta de la Piedad", de la catedral de Barcelona, es pura maravilla. El gótico catalán, que supo evitar las eclosiones flamígeras y conservó la sobriedad del románico, tiene en este ejemplar una gran belleza. A la derecha, la imagen de la fachada de la catedral, con dos autocares modernos cuyas líneas horizontales como flechas señalan la entrada principal del templo, es algo muy distinto. Esta fachada es una recreación neogótica, un poco inventada, que se debió a la munificencia de un magnate barcelonés que permitió acabar el edificio unos cuantos siglos después de la construcción de las naves. Estas iniciativas resultan siempre un tanto peligrosas y suelen generar críticas en cuanto a los resultados finales.

Pero los turistas lo digieren bien, tal como demuestra la foto. La entrada de la catedral no es únicamente un punto obligado de los itinerarios que establecen las agencias de viajes: los visitantes se hacen fotografiar frente a ella como demostración palpable –gráficamente, como si dijéramos– de que han estado en Barcelona.

Y lo cierto es que nadie puede negarles sus razones: cuando llegan a este punto, y una vez realizada la obligada foto, podrán recorrer (y mejor para ellos si no llevan prisa) uno de los lugares más interesantes de la ciudad. Los expertos, los más sensibles, van a encontrarse con un gótico auténtico que no les defraudará.

Páginas siguientes: el claustro de la catedral de Barcelona sigue fiel al propósito inicial. A pesar del incesante trasiego de visitantes, sigue invitando a pasear por él lentamente abandonándose a la meditación y al reposo del espíritu.

Es un tópico, por lo menos desde un cierto punto de vista literario, que las sombras nos ayudan a mantener el recuerdo del pasado. Esta de la espadaña de una iglesia antigua sobre una vieja pared, con solana, patio ciego y palmera al fondo, nos actualiza unos orígenes que nos siguen hablando con una gran fuerza evocadora. Pasear por estos parajes es un placer que nos hace sentir que el tiempo no es un enemigo que nos persigue, sino un amigo que nos acompaña.

La imagen de la derecha no es tan sedante. Estas torres de la Plaça Nova han cambiado de fisonomía, fueron destruidas durante un bombardeo aéreo en el transcurso de la guerra civil. Toda la zona ha cambiado y el afán de cicatrizar heridas hizo que de las ruinas surgiera una agradable avenida: la de la Catedral. Dado que las bombas tienen poder excavador, tuvimos la suerte, en medio de la desgracia, de que la destrucción pusiera al descubierto ruinas romanas. No es un consuelo reparador (pienso que las podríamos haber hallado de un modo

más civilizado), pero así ocurrieron las cosas.

La figura de los dos curas con sotana, tan familiar en la época en que fue obtenida la foto, ahora no sería fácil de encontrar si tuviéramos que reconstruir la escena. Cuando miramos hacia atrás –y sin necesidad de alejar demasiado la mirada– todo se nos convierte en escenografía.

Barcelona es una ciudad de contrastes vivísimos. Seguramente podríamos decir lo mismo de cualquier gran ciudad de la Tierra, pero cada cual se ocupará, si le parece bien, de la suya propia. La nuestra es así.

Con murallas primitivas al alcance de la mano, y considerables dosis de vestigios romanos y magníficos modelos de románico y gótico, surgen al paso mercadillos y puestos que parecen más bien de inspiración oriental.

Allí hallaremos cualquier cosa, como por ejemplo la feria de arte periódica de la Plaça del Pi –o, más exactamente, de la Plaça de Sant Josep Oriol–, en la cual algunos pintores noveles ofrecen los primeros frutos de su azarosa carrera. Están además los puestos variados, eclécticos, con una increíble heterogeneidad de ofertas, que van desde las antigüedades hasta un maniquí mutilado como el de la fotografía. Ante este ejemplar es inevitable preguntarse si hay alguien capaz de comprar cosas así: basta con entablar una cierta amistad con los vendedores, tocarles el punto sensible de su oficio y acaban confesando (después de quejarse de la crisis), que a la corta o a la larga se vende todo. Es una cuestión de resistencia... Al contrario: dicen que siempre hay quien les pide objetos aún más extraños que los que exhiben, y les piden que estén alerta, que si alguno les llega a caer en las manos no les olviden. Y que ya pasarán de vez en cuando para informarse.

Cuando decimos que una ciudad va reencontrándose y redescubriéndose a sí misma a lo largo de los siglos, nos topamos con casos insólitos.

La gran sala del Tinell o de los Paraments consta en las crónicas de Barcelona que fue *redescubierta* el año 1937. ¿Cómo es posible? Tiene 17 m de ancho por 33,5 de largo... ¿Qué la escondía? Nos recuerda una frase de los autóctonos americanos, que no aceptan que les descubrieran (afirman que ellos ya hacía tiempo que estaban allí), sino que fueron vistos por unos improvisados navegantes de altura que buscaban otra cosa.

El salón del Tinell es el testimonio de un pasado de grandeza, de cuando Barcelona ejercía realmente de *Cap i Casal* de Catalunya. Es evidente que sus constructores tenían una idea de nuestro país que más tarde se ha ido encogiendo. La otra imagen también es aleccionadora. El Palau Reial Major, en la Plaça del Rei, con la atalaya del siglo XVI llamada por el pueblo (impropiamente, según los eruditos) mirador o torre del Rei Martí. Con nombre apropiado o no, el conjunto es impresionante y en él destaca esa aproximación al rascacielos medieval.

Nos rememora la época de la expansión de Catalunya allende un mar que considerábamos nuestro, viendo las cosas a lo grande. Después, dolorosas experiencias nos enseñaron que no hay nada, en la geografía universal, que pertenezca exclusivamente a nadie. Pero los nombres de los maestros de obras Bertran de Riquer, Jaume Rei, Pere d'Olivera y Guillem Carbonell nos han dejado su huella en unas construcciones que, desde el siglo XIV, nos recuerdan que Barcelona puede vanagloriarse de pasados esplendores.

Barcelona, como todas las grandes ciudades, recuerda una colmena vista desde arriba. Pero la sensación puede ser engañosa. Esta aglomeración esconde rincones deliciosos, pequeñas calles y pequeñas plazas que conservan la dimensión humana y, aunque parezca mentira, en ellas es posible aislarse y soñar.

Las costumbres de una comunidad cambian de maneras imprevisibles. Hace pocos años, en una panorámica como ésta, hubiéramos podido ver muchos palomares y, sin ninguna duda, a unos esforzados palomistas armados con largas cañas y haciendo volar a las palomas. Era una afición muy arraigada, con auténticos fanáticos. Actualmente, en catalán, la expresión *"fer volar coloms"* (hacer volar palomas) significa una tendencia insensata a soñar imposibles. ¿Y eso es malo? Todavía quedan muchos barceloneses que no lo ven nada claro... Junto a las esbeltas líneas del gótico, aparece la ropa tendida del vivir de cada día, y el contraste no molesta tanto como podría parecer: establece una continuidad entre la piedra antigua y un presente que asume –obviamente– el futuro que ya está llegando.

El campanario de la iglesia de Santa Ana nos presenta las principales características del gótico catalán, con la sobriedad como principio y con unos elementos de transición que se respetan mutuamente. Rodeado de azoteas que bullen de vida, el campanario domina, aparentemente impasible, pero en absoluto distante.

En el año 1907, el Ayuntamiento de la ciudad acordó emprender decididamente la Reforma Interior, que era como una operación quirúrgica a corazón abierto: hacían falta tres grandes vías, que en los planos fueron designadas como A, B y C. Dos de ellas atravesarían Barcelona de mar a montaña, a lado y lado de la Rambla, y la tercera lo haría transversalmente.

Se trataba de decisiones enérgicas, que exigían coraje y el ejercicio de un gran dominio sobre los sentimientos para no abocarlos al dolor. La Reforma se realizó a expensas de la desaparición de unos barrios, de unas calles, que ya no volveríamos a recobrar. Rafael Tasis, en su libro *Barcelona, imatge i història d'una ciutat,* cita algunas de ellas: las calles de Dufort y Jupí, la de Fenosa o de la Nau, la de Tarongeta o la de la Malla, la de Basea o la de las Tres Voltes... Hay bastantes más, que murieron en medio de una cierta indiferencia de los barceloneses.

A la derecha, con el bello perfil de las torres de Santa Maria del Mar vistas desde la Plaça de l'Àngel, y la mancha amarilla de un taxi barcelonés. Los colores de los servicios públicos sirven para identificar ciudades, y son una guía segura, casi como escudos o banderas sin pretensiones de movilización multitudinaria.

Se ha dicho repetidamente, a modo de reproche acusador, que Barcelona ha crecido de espaldas al mar. Hay una considerable parte de verdad en esta queja, pero como suele ocurrir en todo, la verdad nunca es absoluta y también es cierto que la ciudad conserva el recuerdo de su pasado marinero. Con símbolos, con monumentos, con reconstrucciones más o menos afortunadas. Y parece que en la actualidad van despertando propósitos de reparación del olvido y se formulan una serie de proyectos encaminados a abrir de nuevo la metrópoli de cara al Mediterráneo.

Es difícil aclarar si tiene una especial significación el hecho de que el monumento más alto, más espectacular, erigido en memoria de Cristóbal Colón se encuentre precisamente en Barcelona. El Gran Almirante del Mar Océano no tenía como objetivo de merecimientos un mar interior, sino unos horizontes amplísimos. Quizá él mismo se hubiera sorprendido, de haberlo podido saber con la anticipación necesaria, de que aquí le sería rendido el homenaje más majestuoso. ¿O tal vez no tanto? Nos referiremos de nuevo a ello cuando corresponda...

En el puerto de Barcelona existe una reproducción a tamaño natural de la carabela *Santa María*. En las Drassanes de Barcelona, convertidas en Museo Marítimo, puede verse una reconstrucción (más seria que la carabela transoceánica que hay en el puerto) de la nave capitana de Juan de Austria en la batalla de Lepanto. Como detalle complementario –y motivo de atracción de visitantes tanto del interior como del exterior–, en la antigua sala capitular de la catedral de Barcelona se conserva la talla en madera del siglo XV que, según la tradición, iba en la nave capitana de Juan de Austria. La *Gran Enciclopèdia Catalana* dice textualmente: "La especial flexión o curvatura de las piernas y del cuerpo de Cristo se relaciona con la leyenda según la cual la imagen se movió para evitar el impacto de una bala de la escuadra turca". La cual, esta última (y como es sabido), fue derrotada. Los catalanes contribuyeron a la batalla con un buen número de vidas. La historia nos dice que el mando virtual de la flota cristiana lo ejerció Lluís de Requesens, nacido en Barcelona el año 1528.

La foto de la derecha muestra la fachada y la entrada principal de la iglesia de Santa Maria del Mar, con sus dos esbeltas torres octogonales. Ha sido considerada durante mucho tiempo como la catedral de la gente del mar, por cuyo hecho se vio muy afectada por el declive de la vocación marinera de la ciudad.

A los catalanes les estuvo prohibido, durante mucho tiempo, comerciar libremente con América. Hasta el año 1778 (casi tres siglos después del descubrimiento) no se levantó la veda. Barcelona se vio afectada, como es lógico, por esta interpretación de un concepto de la unidad que, como mínimo, puede calificarse de peculiar. Pero los catalanes se han ganado la fama, a lo largo de la historia, de saber darle la vuelta a la tortilla. En el caso de América y de sus posibilidades mercantiles, hay precedentes que lo confirmarían. Josep Canaleta, un industrial catalán, importaba desde el año 1765 algodón en rama de Veracruz, que estaba exento de derechos, a diferencia del algodón de Malta, que pagaba impuestos de entrada. La figura del "americano", más popularmente conocida con el nombre de "indiano" (*indianu* en la lengua del pueblo) cubre una etapa densa del costumbrismo de Barcelona y del Principado en general.

Josep Xifré i Casas es un prototipo de estos personajes. Su padre (que murió en 1786 en Cádiz, donde se había refugiado a causa de la guerra con Gran Bretaña,

que lo había arruinado) tenía cuatro bergantines que hacían la ruta de América. Su hijo Josep, con la colaboración de su hermano Domènec, establecido en Buenos Aires, y de uno de sus tíos aposentado en Cuba, rehízo rápidamente el patrimonio familiar. Negociando con cueros, productos agrícolas, azúcar y café y prestando una eficaz atención a los negocios bancarios –incluso en los Estados Unidos–, acumuló una gran fortuna. Como a la mayoría de los indianos la nostalgia de la patria le obsesionaba, y el año 1835 compró unos terrenos frente a la Llotja y construyó en ellos un gran edificio conocido por *els Porxos d'en Xifré*, que escogió como residencia hasta el final de sus días.

Los indianos, tanto Xifré como otros quizá menos notorios, tenían como rasgo común su afán de ostentar aquí la riqueza obtenida en las Américas. Era inevitable. Además, siempre les acompañaba –cuando volvían– la nostalgia de las remotas tierras que les habían ayudado a hacer fortuna. Tendían a mitificarlas un poco, como lo demuestra el bajorrelieve de la india sofisticada, con flechas y

lanzas de fondo y un penacho inventado. El rostro se parece más al de una muchacha de Arenys de Mar (lugar donde nació Josep Xifré en 1777) que al de las indias americanas. Dicho sea sin querer desmerecer a nadie.

Páginas siguientes: el Mercado Central del Born es un ejemplar interesantísimo de edificación de estructura metálica, o arquitectura del hierro. Construido durante la segunda mitad del siglo XIX para la venta de frutas y verduras, ha sido relevado de esta misión y la ciudad recobra su generoso espacio para exposiciones, muestras y fiestas populares.

Los expertos nos cuentan que los arcos de triunfo fueron un elemento típico de la arquitectura romana, añadiendo que sería más propio llamarlos arcos monumentales, ya que en la mayoría de los casos fueron erigidos como entrada de una ciudad, como puentes o para conmemorar acontecimientos o personajes. Sea como fuere, la idea originaria de Roma tuvo un gran éxito y, a partir del Renacimiento, muchas ciudades de Europa no pudieron resistir la tentación de levantar arcos de triunfo. Algunos son muy notables.

El de Barcelona, que sirvió de pórtico a la Exposición Universal de 1888, no es de los mejores; pero es quizá de los más curiosos, por el hecho de que sobre una estructura clásica florece el estallido del modernismo que inspiró la arquitectura civil más interesante de la época. Es obra del arquitecto Josep Vilaseca, con frisos en relieve de Josep Reynés y de Josep Llimona.

El monumento a Francesc de P. Rius i Taulet, a la derecha de la página, es obra de Manuel Fuxà. El Palacio de Justicia, al fondo, tiene el valor de un documento gráfico con fuerte coherencia histórica: Rius i Taulet había cedido los terrenos sobre los que se construyó el edificio. Francesc de P. Rius i Taulet (1833-1889) fue uno de los grandes alcaldes de Barcelona, con una gestión decisiva para el crecimiento de la capital de Catalunya: inició las urbanizaciones de la Gran Via de les Corts Catalanes y de las plazas de Tetuán y de Letamendi. Propició también el trazado del Paseo de Colón, pero como ocurre a menudo con las grandes obras, tuvo que cortar y ordenar la demolición de lo que quedaba de la muralla del mar. Su obra más importante, o la más recordada, fue la Exposición Universal de 1888, uno de los hitos del crecimiento de Barcelona. Fue una aventura arriesgada, en un momento de plena crisis económica, y se saldó con un déficit considerable. Pero con ella tomó impulso el modernismo, que imprimió carácter a la ciudad.

Cada ciudad tiene su iconografía, sobre piedra, tela o tablas pintadas y, a partir del siglo pasado, con la ayuda de la fotografía. Estas páginas son un verdadero compendio de avatares históricos: el bajorrelieve que conmemora la solemne colocación de una primera piedra, con autoridades militares, eclesiásticas y civiles. Debajo, un óleo descriptivo. En él pueden verse también autoridades militares, eclesiásticas, civiles –pocas– y la reina María Cristina, bajo palio. Las dos imágenes de la derecha expresan un salto prodigioso, no tanto en el tiempo como en las circunstancias. En la superior podemos ver autoridades militares, eclesiásticas y civiles, e incluso la manga de un representante del poder judicial. Eso sí: todos saludando con el brazo en alto, a la moda fascista de aquel momento.

La foto inferior es algo totalmente distinto, e ilustra las singularidades de la transición democrática.

Páginas siguientes: el Parc de la Ciutadella está lleno de rincones deliciosos. La fuente de la Dama del Paraguas se ha convertido en uno de los símbolos de la ciudad. En uno y otro enclave, encontramos los bustos de personajes muy nuestros: Pepita Teixidor, Víctor Balaguer, Joan Maragall, Marià Aguiló... Y tantos otros.

La Ciutadella de Barcelona fue ideada por Felipe V como fortaleza, con el fin de castigar a la ciudad y tenerla bajo el control de las armas. El conjunto fue proyectado por el ingeniero militar Prosper Verboom, nacido en Bruselas. De los edificios que la formaban y que todavía se conservan, destaca el gran arsenal, porticado, una bella construcción que no parece ideada para que custodie herramientas de guerra. Poco a poco, pero con una tenacidad digna de elogio, los barceloneses han ido transformando el antiguo recinto bélico en un parque civil, de aspecto eminentemente pacífico. A raíz del

triunfo de la Revolución de Septiembre de 1868, y por decisión del general Prim, la Junta Revolucionaria cedió a la ciudad los terrenos de la Ciutadella, y desde entonces la metamorfosis se agilizó. El gran arsenal, luego de su origen amenazador, pasó por las siguientes etapas: residencia de María Cristina en 1894, Museo de Arte y Arqueología en 1915, sede del Parlament de Catalunya en 1932 y Museo de Arte Moderno en 1939. Actualmente, aloja de nuevo al Parlament de Catalunya. No puede negarse que se trata de un proceso emocionante de derrotas, conquistas y reconquistas. La conciencia ciudadana

desea que este edificio de líneas nobles no tenga que hacer jamás un salto atrás. Le corresponde su papel actual: es una concluyente reparación de agravios. Ante el Parlament de Catalunya hay un pequeño estanque, con una famosa escultura en medio: la réplica en mármol de un original de Josep Llimona, *Desconsuelo,* que en la Exposición Internacional de Bellas Artes de Barcelona, en 1907, obtuvo el premio de honor. El hemiciclo del Parlament de Catalunya tiene toda la dignidad que corresponde a un país pequeño que ha luchado –y sigue luchando– para sobrevivir.

Entre los años 1862 y 1864, Marià Fortuny pintó un cuadro de grandes dimensiones (10 × 3 m), que puede admirarse en el Museo de Arte Moderno de Barcelona. Basándose en unos apuntes tomados sobre el terreno y en unos croquis militares del general Prim, Fortuny quiso plasmar la *Batalla de Tetuán*. La foto reproduce una cuarta parte, aproximadamente, de la totalidad del cuadro, que, en cuanto a tamaño y concepción, es verdaderamente ambicioso. Por lo visto Fortuny no quedó contento con él y no quiso entregarlo a la Diputación, que fue la que le hizo el encargo.

El modernismo influyó con fuerza en el dibujo, la pintura y la escultura, en el período comprendido entre 1888 y 1911. Los grandes nombres de Isidre Nonell, Santiago Rusiñol, Josep Llimona y Ramon Casas fueron pioneros en un movimiento que nos ha legado obras muy importantes.

La técnica del esgrafiado, utilizada para la decoración mural, tuvo en Barcelona (y en otros lugares de Catalunya y de los Países Catalanes) un especial predicamento, especialmente durante los siglos XVII y XVIII.

La fachada de la "Casa dels Velers", que en 1869 tomó su nombre actual de colegio o casa del Arte Mayor de la Seda, está en la embocadura de la calle Alta de Sant Pere. Es un ejemplo excelente de esta artesanía decorativa, que nos ha dejado bastantes modelos demostrativos de su resistencia al desgaste del tiempo, como puede serlo el de la construcción evidentemente civil de la foto de la derecha, que ostenta la fecha, perfectamente visible, en uno de sus balcones: 1716.

El palacio Moixó, en la plaza de Sant Just, es un exponente notable de esgrafiado.

El modernismo utilizó también la técnica del esgrafiado, ya no tanto para grandes espacios exteriores sino para completar detalles de decoración interior. A pesar de todo, hay algunas fachadas en la parte modesta del Eixample (a menudo obra de arquitectos modestos) que ofrecen un destacable interés.

La cúpula del templo de la Mercè, recortada sobre el cielo entre la abertura de la calle de la Carbassa.

La gran escultura de la Virgen que corona la cúpula (1888) es obra de Maximí Solà, rehecha por los hermanos Oslé después de 1940. El templo ha pasado por los azares de destrucciones y reconstrucciones tan propios de nuestra historia. La primitiva iglesia fue construida entre 1249 y 1267.

La ilustración de al lado es una vista parcial del chaflán que forman las calles de la Llibreteria y la de las Trompetes del Rei Jaume I. De entrada, si uno no tiene noticias previas, el nombre de la calle mencionada en segundo lugar despierta una viva curiosidad. ¿Qué fue lo que hicieron las trompetas del gran rey para merecer un recuerdo perpetuo? ¿Es que fueron decisivas en algún episodio memorable, como el que la voz popular atribuye al "timbal del Bruc"? No, no... Dejando a un lado la utilidad generalmente reconocida de las trompetas, ocurre que la desorientación de los no iniciados proviene de los trasiegos que ha sufrido la toponimia ciudadana. En lugar de "trompetas" debería decir "trompeteros". O nuncios o pregoneros del rey, con lo cual todo quedaría perfectamente claro.

Las palomas alineadas en el balcón de la calle de la Llibreteria da la impresión de que esperan pacientemente la oportuna rectificación del nomenclátor.

La plaza de Sant Jaume, con sus centros de administración y de gobierno de Barcelona, es el corazón de la ciudad. El Palau de la Generalitat de Catalunya, justo en frente del Ayuntamiento, ha pasado por todo, tanto en su aspecto formal como en lo que representa. El edificio fue comenzado en el siglo XV y tiene un patio excepcional que pertenece al mejor gótico catalán. A modo de réplica a los que opinan que el gótico catalán no cayó en florituras, en su interior encontramos la capilla de Sant Jordi (1432-1434), obra de Marc Safont, de un grácil gótico florido.

Son notables el llamado patio de los Tarongers (naranjos), la entrada lateral de la calle del Obispo, la sala Dorada y el Consistorio Mayor.
La fachada principal fue iniciada en 1597 y es uno de los monumentos más representativos del renacentismo catalán. El Sant Jordi del gran balcón principal es obra del escultor Andreu Aleu (1866). El interior del Palau ha sufrido atentados de todo tipo contra el buen gusto, y las dictaduras que ha tenido que soportar el país parece que se hayan complacido en ir cubriendo con exhibiciones de ramplonería las esencias de la

construcción. Pero esto ya escapa a los propósitos del presente libro.
La foto del "mosso d'esquadra" inclina a reflexionar sobre el carácter catalán. Viste de gala de acuerdo con una concepción singular: lleva sombrero de copa, elemento de mucho vestir hasta hace poco tiempo, y alpargatas de payés. En cambio, el uniforme de diario se compone de gorra de plato –que es más adecuado– y botas de piel, que visten más, diríamos, que las alpargatas con cintas. Es difícil decir si se trata de un deseo de llevar la contraria o de una afirmación de socarronería nacional.

Y ya que hablamos de contradicciones, es instructivo recordar que los "mossos d'esquadra", un cuerpo creado en 1719 como cuerpo represor a las órdenes de los partidarios de Felipe V, se ha convertido en la base de la policía autónoma. Es un modo de resarcirse de las ofensas recibidas, estilo en el que Barcelona demuestra una cierta maestría. Del mismo modo que ha transformado las fortalezas de la Ciutadella y de Montjuïc ha convertido a los "mossos d'esquadra" en una policía bien vista por los ciudadanos.

En la galería del patio del Palau de la Generalitat de Catalunya (considerado como uno de los mejores patios del gótico catalán) está la capilla de Sant Jordi, cuya entrada recoge esta bella fotografía. Marc Safont, arquitecto y maestro de obras de la Generalitat (siglo xv), fue el autor de la gran escalinata del patio principal y de la fachada de la calle del Obispo. En 1432, Safont emprendió la construcción de la capilla de Sant Jordi y nos ha dejado un ejemplar de ornamentación flamígera muy escasa –o francamente excepcional– en el gótico catalán. El contraste resulta tan singular, que algunos historiadores de arte insinúan una posibilidad de intervención castellana en el planteo de la obra. Es notable el hecho de que Marc Safont, en sus trabajos anteriores, nunca había roto del todo estos esquemas tan propios del gótico catalán: la

funcionalidad estructural y una concepción austera de los elementos ornamentales.

A la derecha de la página, el espléndido medallón que representa a Sant Jordi matando al dragón, en la embocadura de la calle del Obispo. Se considera como una de las mejores muestras de la escultura gótica del último período. Es obra del escultor Pere Joan (1394-1397), a quien se deben también las gárgolas y los modillones. Pere Joan fue un personaje siginificativo de los momentos de máximo esplendor en Catalunya. Trabajó en la decoración del Castillo Nuevo de Nápoles, en la ejecución del altar mayor de la catedral de Zaragoza, hizo la primera clave de arco en la nave principal de la catedral de Barcelona, la cruz de término de Tàrrega, la Virgen de la Misericordia del monasterio de Vallbona de les Monges. En los *The*

Cloisters de la ciudad de Nueva York existe un retablo procedente de la capilla arzobispal de Zaragoza que también se le atribuye o, por lo menos, que está indiscutiblemente relacionado con su estilo.

El paso terrenal de Pere Joan es bastante desconocido. No sabemos a ciencia cierta si nació en Tarragona, entre 1394 y 1397, y se ignora el año y el lugar de su muerte. Las enciclopedias insinúan, como fecha del fallecimiento, el año 1458, pero precediéndola de un signo de interrogación que indica la falta de información segura.

Frente por frente del Palau de la Generalitat está el del Ayuntamiento de Barcelona. Este edificio, que presenta una mezcla de estilos que frecuentemente afectó al neoclasicismo, desde el punto de vista artístico no reviste especial interés. Pero esto son opiniones subjetivas y puede haber discrepancias muy dignas de ser tenidas en cuenta. Los barceloneses suelen llamarlo "Casa de la Ciutat", con un poder definidor de gran sabiduría.

Ahí se reunía el Consell de Cent, la asamblea consultiva del gobierno municipal de Barcelona. Era un consejo constituido por vecinos, ciudadanos honrados, menestrales y mercaderes, que ya actuaba en pleno siglo XIII. En el año 1265, el número de representantes fue fijado en cien personas, pero la cifra fue oscilando con el transcurso del tiempo: en algunas ocasiones fueron ochenta y en otras pasaron de doscientos. Parece que en 1455 se estabilizó el número de ciento veintiocho jurados, pero la voz del pueblo ya había consagrado la denominación de Consejo de Ciento, y así quedó. El Saló de Cent, en la Casa de la Ciutat, fue desde 1371 el lugar de reunión de la asamblea. Probablemente se trata del lugar más interesante del edificio.

Joan Fiveller, cuya estatua figura con todos los honores en la fachada del Ayuntamiento, ha pasado a la historia como el defensor de las libertades municipales frente al poder real. En 1416, como segundo consejero, reclamó a Fernando de Antequera el pago del derecho (o vectigalia), que era un impuesto para la carne comprada en Barcelona. El rey murió poco tiempo después de la discusión sostenida con Joan Fiveller sobre este detalle tributario, punto en el que el monarca tuvo que ceder. La leyenda atribuye la muerte del rey al disgusto que le produjo la polémica, pero los historiadores afirman que la versión no tiene suficiente fundamento.

La plaza de Sant Jaume es el lugar ciudadano preferido para las manifestaciones populares. Tanto si se trata de folklore, como de actos de adhesión o de protesta, de fervor o de aflicción colectivos, la plaza tiene un enorme poder de convocatoria. Una parte importantísima de nuestra historia ha pasado por aquí.

Barcelona todavía celebra su Fiesta Mayor. Dentro del compendio costumbrista catalán, parece bien documentado que estas celebraciones arrancan del siglo XIII. Han consistido en vísperas, oradores invitados para inauguraciones solemnes (los pregoneros) y procesiones con gigantes y cabezudos, pasacalles, bailes de entoldado, danzas y diversiones infantiles. También son tradicionales los fuegos de artificio, las competiciones deportivas y las ferias. Es preceptivo que las autoridades municipales presidan los actos de mayor relieve y, por tanto, la plaza de Sant Jaume, sede del Ayuntamiento, es una zona de concentración obligada.

Los "castellers" constituyen una baza fuerte en las fiestas populares. No conocemos bien su origen y las referencias más próximas que tenemos de ellos son muy cercanas: finales del siglo XVIII y principios del XIX. Al parecer, se trata de una remota costumbre mediterránea.

El hecho de que la ciudad de Valls sea la de más antigua tradición "castellera", ha originado que la denominación *Xiquets de Valls* sirva para definir a todos los grupos. Las cuadrillas, aparte de ser un número muy importante en exhibiciones públicas, mantienen entre sí un gran espíritu competitivo, en concursos que despiertan enorme interés.

Una de las salas de lectura de la Biblioteca de Catalunya, instalada en una de las grandes naves góticas del antiguo Hospital de la Santa Creu.

La construcción de este centro hospitalario fue iniciada en 1401, como hospital general de la ciudad de Barcelona, por acuerdo del Consell de Cent. Ha pasado por varias etapas de ampliaciones y reconversiones, hasta constituir un conjunto de edificios que ofrecen un gran interés histórico y artístico. El patio central o claustro es uno de los rincones más hermosos de la ciudad y una bella muestra del gótico civil catalán.

El edificio originario comprendía cuatro salas, con el mencionado claustro, obra de Guillem Abiell. Se fueron añadiendo, con el transcurso de los siglos, nuevos cuerpos que obedecían a necesidades y cambios inevitables, y que fueron reflejando la evolución de estilos. En uno de los patios, hay claras muestras de la utilización de la baldosa decorada y barnizada, de uso frecuente en arrimaderos y frisos a finales del siglo XV y principios del XVI, con imitaciones artesanales que se prolongaron durante unas cuantas décadas.

El Hospital de la Santa Creu, al crecer la ciudad, fue abandonando su función primitiva. Ha sido hospital de leprosos, de maternidad, de locos (en aquel tiempo les llamaban orates), colegio de cirugía, centro de asistencia general y de convalecencia... A medida que estos servicios requerían un alejamiento del centro urbano, el conjunto de edificios iba sirviendo de albergue a otras instituciones.

Actualmente, sin haber perdido el nombre popular de Hospital de la Santa Creu, aloja la Biblioteca de Catalunya, la Escuela Massana de Artes Suntuarias y Decorativas, una parte del Archivo Histórico de la ciudad, el Institut d'Estudis Catalans y, como toque un tanto exótico y arcaico, la sede de los Caballeros del Santo Sepulcro.

Las Drassanes de Barcelona, impulsadas decisivamente por el rey Pere III con la ayuda de la ciudad y de la Generalitat de Catalunya, son consideradas como las atarazanas de tipo medieval más completas y mayores que se conservan en el mundo. Llegaron a tener dieciséis naves paralelas, algunas de ellas de más de 100 m de longitud, formando un excepcional conjunto arquitectónico. Con la pérdida de las libertades de Catalunya como consecuencia de la derrota de 1714, la construcción naval barcelonesa decayó y las atarazanas fueron utilizadas como maestranza y cuartel de artillería. En 1936 fueron devueltas a la ciudad, que instaló en ellas el Museo Marítimo de Barcelona. Una de las piezas curiosas que allí se exhiben es una fiel reproducción de la galera real de Juan de Austria en la batalla de Lepanto. Pío V designó a Juan de Austria para mandar la flota de la Santa Liga que debía aniquilar a la poderosa flota turca, un objetivo muy importante para la cristiandad. La historia reconoce que este propósito se consiguió, en buena parte, gracias al asesoramiento de Lluís de Requesens.

El Museo Marítimo contiene una importante colección cartográfica, de la que hay que destacar el portulano de Gabriel de Vallseca (1439). Y numerosos recuerdos de Narcís Monturiol, con estudios y diseños de su submarino, y una maqueta del segundo *Ictíneo*. La primera nave sumergible que ideó Narcís Monturiol (1859) fue construida por el calafate Josep Missé i Castells y era propulsada por hélices accionadas a mano. En 1864, el inventor catalán verificó con éxito un segundo modelo de *Ictíneo*, movido por dos máquinas a vapor y dotado de un sistema que desprendía oxígeno y generaba atmósfera artificial.

El museo cuenta con numerosos modelos de barcos y documentos, objetos y muestras diversas del pasado marinero de Catalunya. Merece la pena visitarlo.

La foto de la derecha expone uno de los contrastes vivísimos que realza los atractivos de Barcelona. En primer término, una de las puertas fortificadas de las antiguas atarazanas, con dispositivos de defensa contra posibles ataques. Se trataba de un complejo donde se construían buques de guerra, de exploración y mercantes. La precaución no se nos antoja exagerada.

Al fondo, asoma un rascacielos erigido casi tocando al mar. Hay que reconocer que tiene una cierta arrogancia y que, a su manera, también simboliza que Barcelona procura no perder el compás.

He aquí dos imágenes que desafían
abiertamente la propuesta de presentarse
juntas. Aunque quizá no tanto como
parece, porque expresan las extrañas
oposiciones que puede ofrecer una
ciudad antigua.
La imagen de la izquierda corresponde al
campanario o espadaña de la iglesia de
Sant Pau del Camp. Se admite, con las
reservas derivadas de la falta de
documentación, que el conde Guifré II
fundó en este lugar, entre 897 y 911, un
monasterio benedictino. Se encuentra
situado en el antiguo arrabal de la
derecha de la Rambla y, actualmente, es

una de las parroquias de la ciudad.
El primitivo monasterio de Sant Pau
sufrió todos los avatares que podían
esperarse de su larga historia. En 1096
Geribert Guitard y su esposa Rotlenda se
lo ofrecieron a Sant Cugat para
establecer en él una comunidad
monástica, que nunca llegó a prosperar
satisfactoriamente. En 1577, el papa
Gregorio XIII decretó la unión de Sant
Pau a la abadía de Montserrat, pero
anuló la disposición a causa de la
resistencia que opusieron los monjes.
La otra imagen es el reverso de la
medalla: un patético ejemplo de aquellas

partes de la ciudad que no resisten el
paso del tiempo, por falta de
merecimientos. Un solar con escombros
y basuras, en espera de las excavadoras
que iniciarán los cimientos de nuevas
construcciones. Y una chimenea triste y
solitaria, inútil, el último resto de una
industria desaparecida o trasladada.

Constituye una curiosidad ciudadana el hecho de que una de las avenidas más populares de Barcelona deba la consagración de su nombre al astrónomo Josep Comas i Solà (1868-1937). Pero no como homenajeado, sino como padrino de rebote, porque el nombre que Víctor Balaguer le puso a la avenida es el de Marqués del Duero.

Es una vía que va desde Hostafrancs al mar, y ya en 1855 la había proyectado Ildefons Cerdà como límite sudoeste de la ciudad.

La cuestión del bautismo por rebote fue así: a principios de este siglo fue inaugurada una conocida taberna en este lugar, y Comas i Solà (misteriosamente encargado de darle nombre a una taberna), escogió el de *Paral·lel*. El ilustre hombre de ciencia partió de la base de que la avenida coincide con el paralelo 40° 22' 30" norte y, según se mire, la cosa venía rodada.

Cualquiera sabe la causa, pero a los barceloneses les cayó en gracia el nombre y lo adoptaron sin dudar, ignorando o prescindiendo abiertamente de las denominaciones oficiales, que han conocido los avatares de diversas contingencias. Primero –como ya se ha dicho– fue la avenida del Marqués del Duero. Después, se convirtió en la de Francesc Layret y, en 1939, por razones obvias, el nomenclátor le devolvió la dedicación al marqués.

Pero los barceloneses, imperturbables, la han seguido llamando tercamente el *Paral·lel*. En el bien entendido de que se trata de algo más que de una avenida, porque define una zona, con ramificaciones debidas a su proximidad con el Barrio Chino. En definitiva, con su conjunto de teatros, *music-halls,* cabarets, cafés-concierto, cines y establecimientos de los que más que marquesinas luminosas requieren un farolillo rojo, todo ha hecho que el Paral·lel se haya convertido en la pródiga fuente de una determinada literatura. Incluso con proyección internacional, porque las enciclopedias nos recuerdan que Francis Carco, Pierre Mac Orlan y Paul Morand le dedicaron páginas que fueron traducidas a varios idiomas.

Otra curiosidad es que las tres chimeneas de la central térmica parecen querer disimular haber tenido jamás debajo una fábrica, mostrando espectacularmente, en cambio, que tienen como peana un teatro de revista tirando a frívolo.

De un modo parecido a los grandes mercados, que irradian a su alrededor un montón de negocios subsidiarios, el Paral·lel también ha generado comercios. Como por ejemplo el del escaparate de una tienda de pelucas.

La plaza del Pedró es lo que queda más visible del antiguo barrio del mismo nombre. Es una plaza inconexa, producto del caos urbanístico y, por tanto, el resultado estético es pobre, quizá incluso inexistente.

Pero el interés histórico es distinto. El monumento a Santa Eulàlia que figura en el centro de la plaza fue erigido en 1672, y en 1826 fue convertido en fuente al ser canalizadas para el uso público las aguas de Montcada.

Hay un personaje casi mítico ligado a esta plaza: don Erasme de Gònima. La familia Gònima se instaló en el barrio del Pedró los años 1753-1754, después de comprar allí casas y huertos, pozos y árboles... La escritura de adquisición especifica que los derechos se extendían a "todas aquellas casas desde la tierra hasta el cielo, unidas y agregadas a su huerto, pozo y árboles de diferentes géneros, tres en la calle del Carme ante el Hospital de pobres y enfermos leprosos y cuatro casas más en la calle llamada de la Riera d'en Prim Alta". Parece que las casas no eran nada del otro jueves, pero los huertos eran extensos.

El barón de Maldà nos ha dejado la siguiente referencia del acomodado señor de Gònima: "En la plaza del Pedró, el gran y prominente edificio de casa Erasme con gran profusión de hermosas arañas de cristal. En los balcones, cortinas de damasco carmesí y pinturas de color amarillo en claroscuro representando escenas de la vida del beato Josep Oriol, además de algunos medallones con el busto de todos los santos y beatos catalanes, obispos, mártires y confesores... Por más que haya guerra, el esplendoroso don Erasme procura olvidar los malos ratos que pasó".

El "esplendoroso" don Erasme de Gònima i Passarell fue un personaje de película, incluso mucho antes de que se inventara el cine. Tanto prosperó, que en 1791 pagó más de 57.000 reales de vellón por el derecho a interponer entre su nombre y su apellido el *de* que le confería el privilegio de nobleza. Tuvo un final muy acorde con su vida: murió a consecuencia de la explosión de una caldera de vapor.

Actualmente, la plaza del Pedró no recuerda en absoluto este pasado novelesco y es más bien gris. Al fondo, la iglesuela cortada como una rebanada para dejar lugar a un edificio que no es ni chicha ni limoná, es un ejemplo de barbarismo que muestra los atentados por los que ha tenido que pasar la plaza del Pedró.

Ponç (Poncio) fue un mártir cristiano nacido en Roma en fecha no determinada, que murió en Cimiez (Niza) el año 257 o 258 como consecuencia de la persecución desencadenada por Valeriano.

Por razones muy difíciles de desentrañar, Ponç ha sido muy venerado como santo en los Países Catalanes, donde tiene numerosas capillas y ermitas. Y el antiguo y famoso monasterio de Sant Ponç de Corbera.

Barcelona, afortunadamente, conserva muchas tradiciones populares y la festividad de Sant Ponç se celebra con

toda regularidad. Antiguamente, constaba de dos actos principales: la feria de las flores en la calle de Carders y la feria de las hierbas en la calle del Hospital. Esta última ha subsistido brillantemente, con gran eco popular, y podríamos decir que cada año, el 11 de mayo (día de Sant Ponç), muchos barceloneses se sienten obligados a recorrer los puestos de la calle del Hospital. Es una especie de romería profana. Conserva el nombre de Feria de Hierbas, pero lo cierto es que, aparte de una gran variedad de hierbas aromáticas, de apoyo gastronómico y curativas (aseguraríamos que no falta ninguna), podríamos afirmar que es también una feria de golosinas, especialmente de tipo casero y artesanal. Los productos de lata tienen mala prensa, porque no es lo que la gente busca en la feria.

Echando una deliciosa mirada hacia atrás, en la Feria de Sant Ponç encontramos –aunque sea una sola vez al año– las sabrosas mermeladas que preparaba la abuela, los manojos de hierbas que usaban nuestras madres para el estofado o para otras recetas culinarias, el azúcar cande que tanto gustaba a los niños, los caramelos hechos a mano y unos derivados del regaliz que hoy ya no tienen el predicamento que habían tenido entre el público infantil. Pero los abuelos y los padres todavía tratan de convencerlos para que los prueben, aduciendo que son mejores y más sanos que los productos elaborados a máquina en enormes complejos industriales. La lucha es desesperada y la verdad es que los niños van por libre, ellos son los que escogen y también son víctimas de la propaganda masiva. Resulta que las barritas de dulce negro ya no les fascinan. Y de mascar palitos de regaliz, ni hablar.

Desde muy antiguo, los gremios de muleros, arrieros de mar y faquines de cabecil organizaban una cabalgata para celebrar la fiesta de Sant Antoni Abat, su patrono.

La *Gran Enciclopèdia Catalana* explica que esta costumbre estuvo vigente hasta el primer tercio del siglo XIX y que a partir de entonces la tradición se conserva, pero habiendo decaído. Esto era cierto cuando se redactó el artículo (1979-1980), pero la transición democrática, pese a sus tropiezos, ha recobrado con bastante rapidez los viejos festejos. Hoy ya no existen ni muleros, ni arrieros de mar ni faquines de cabecil. Pero,

prodigiosamente, ha sido revivida la cabalgata de los Tres Tombs. Con solemnidad, evidentemente, porque el día 17 de enero, festividad de Sant Antoni Abat, y cuando muchos de ellos menos se lo esperan –porque sólo recordamos el santoral cuando éste afecta a algún pariente o conocido–, los vecinos del barrio se sienten llamados a asomarse a balcones y ventanas al oír el son de trompetas y tambores. Y el espectáculo que pueden ver es digno de admiración: una larga comitiva que desfila solemnemente, con jinetes con sombrero de copa y estandartes al viento, precedidos por una sección de la Guardia

Urbana a caballo con uniformes de gala y gallardetes a punta de lanza. Tras ellos, un acompañamiento de carruajes de variados modelos, que van desde aquellas carretelas que sólo servían para pasear y presumir, hasta vehículos que eran utilitarios sin dejar de ser señoriales. Todos a tracción animal, por supuesto, como algo preceptivo de la festividad. Los pasajeros, en general, van de lo más elegantes y los hay que tiran caramelos a la multitud que los contempla. El conjunto tendría regusto de estampa pretérita, si no fuera porque la actualidad apunta su huella: también forman parte de la comitiva alegres grupos de

majorettes, pertenecientes a clubs y asociaciones de vecinos del barrio, y bandas juveniles de música que tocan lo mejor que pueden. Es lícito dudar de que las fiestas de antaño hicieran tanto ruido en cuanto a los instrumentos de viento y percusión.

Naturalmente –esto es muy nuestro– la fiesta supone la degustación de unas golosinas especiales. En este caso se trata de unos roscos típicos, bastante considerables, que se expenden en el mercado y en las pastelerías del barrio.

En los viejos tiempos Barcelona fue una ciudad con muchas fuentes. Las había muy famosas y otras no tanto –como ocurre siempre–, pero todas estaban obligadas a conservar la dignidad del agua. Puesto que todo dependía del agua, era necesario que ésta presentara unos mínimos de calidad que la hicieran apta para el consumo. La fuente, por artística que fuera, se hubiera quedado sin clientes si el agua que manaba hubiera sabido. Es increíble cómo estos valores han pasado rápidamente a la historia y cómo han desaparecido de las casas los cántaros (tan indispensables y familiares no hace ni siquiera cinco décadas), y cómo han ocupado su lugar las botellas de plástico que no son, obviamente, tan sugestivas.

A la izquierda, la fuente novecentista de Josep Aragay (1889-1973), en el Portal de l'Angel. Dicen –vete a saber– que aquí había una capilla ante la que los viajeros que iban a Gràcia en diligencia rezaban para ahuyentar los peligros del viaje.

La otra foto muestra una de las fuentes que sir Richard Wallace (1818-1890) regaló a la ciudad de Barcelona. Este señor, hombre de muchos posibles, acreditaba muy finamente la tendencia a la excentricidad que se suele atribuir a los ingleses, especialmente cuando son ricos. Le dio por obsequiar fuentes como ésta a varias ciudades europeas. Sir Richard Wallace había encargado el modelo de esta fuente al escultor Charles A. Lebourg, que la dotó de unas cariátides que llevan el nombre del mecenas. En Barcelona había bastantes, que han ido esfumándose, aunque quizá no del todo. La maledicencia popular (que hay que poner siempre en cuarentena) dice que hay algunas en los jardines de fincas particulares. El caso es que las fuentes han ido perdiendo su función esencial, y pocas de ellas siguen manando. Ya no son aquel lugar de reunión donde se podía cultivar el trato social, en tanto se llenaba la jarra o el cántaro.

Antes le llamaban, peyorativamente, pintar, tiznar o rayar paredes, y teníamos la sensación de que era una incivil manera de ensuciar. Pero de pronto, en virtud de las volteretas que da el mundo, alguien descubrió que los *grafitti* eran una manifestación de cultura popular. ¡Así sea!

El hecho es que grandes valores universales, como por ejemplo Picasso, acudieron a la llamada y nos han dejado ejemplares muy notables de este nuevo arte. El enorme friso que hay en la fachada del Colegio Oficial de Arquitectos de Catalunya es una obra muy controvertida, pero nadie puede negar que ha introducido cambios importantes en la manera de ver y de juzgar. Le debemos una especie de socialización espiritual del arte, porque ante este friso, todos podemos mantener la esperanza de que, con el viento en la popa y con un poco de suerte, acaso nos convirtamos en artistas de fama internacional, llegando a ser, por añadidura, multimillonarios. Es evidente que las cosas no son tan sencillas, pero lo es también que el mundo de hoy necesita aferrarse a las esperanzas y, en este sentido, la aportación mural de Picasso merece la atención de la gente. En realidad, así ocurre.

El *grafitti* de la derecha, de autor anónimo, confirma las posibilidades de esta modalidad artística. Hay quien opina que trasciende a la obra de Picasso, a causa de la introducción del color. Sería interesante comprobar qué pasaría si estas dos obras se hubieran presentado a un concurso de aquellos de plica cerrada, en los que el nombre de los autores sólo se conoce al ganar el premio.

Existe la inquietante posibilidad de que Picaso sólo hubiera obtenido un accésit o un premio de consolación. Sería terrible.

La calle de Montcada se puede vanagloriar de varios sellos de nobleza, y uno de los más distinguidos es el de su antigüedad: se conoce con su nombre actual desde finales del siglo XIII.
Los años dejan huellas sobre la piedra. El fotógrafo se ha visto seducido por estas líneas horizontales, profundamente grabadas. Sugieren reflexiones sobre el paso de la historia e invitan a soñar: podría ser que alguna de estas líneas sea un recuerdo legado por el séquito mortuorio de la reina Violant de Bar, viuda de Joan I. La comitiva fúnebre siguió el itinerario Palau Menor-Regomir-Ample-Canvis Vells (hasta Santa Maria del Mar)-calle de Montcada-Capella d'en Marcús-la Bòria-plaza de la Freneria con final en la catedral. Fue un

entierro solemne. Quizá los eruditos nos dirían que no hubo carruajes capaces de rayar las paredes en aquella ceremonia luctuosa, o que estos muros todavía no existían. Serían detalles de exquisitez puntualizadora (si los formularan) que no empañarían la fuerza evocadora: por aquí pasó el cuerpo sin vida de la reina Violant con cetro de oro y corona. Los Consejeros de la Ciudad y los Prohombres presidieron el duelo.
La calle de Montcada ha tenido la fortuna de sobrevivir con plena dignidad. Actualmente, en el magnífico palacio Dalmases, está la sede de Òmnium Cultural y ha albergado hasta hace poco el Institut d'Estudis Catalans. El palacio de Aguilar y el del barón de Castellet contienen el Museo Picasso, una

atracción de carácter internacional. El palacio gótico-renacentista del marqués de Lljó alberga el Museo de Indumentaria Colección Rocamora. La casa Giudice, propiedad de los Cervelló, es la sede en Barcelona de las galerías de arte Maeght.
Sin contar con la riqueza de sus palacios antiguos (y sin duda hay que contar con ellos) la visita a la calle de Montcada es imprescindible para los visitantes de Barcelona.
Otra pared vieja, con un torno afortunadamente condenado. Este agujero redondo, con un mecanismo muy primario, servía para dejar objetos o niños sin comprometer la identidad del depositante. Durante mucho tiempo significó una extraña forma de piedad.

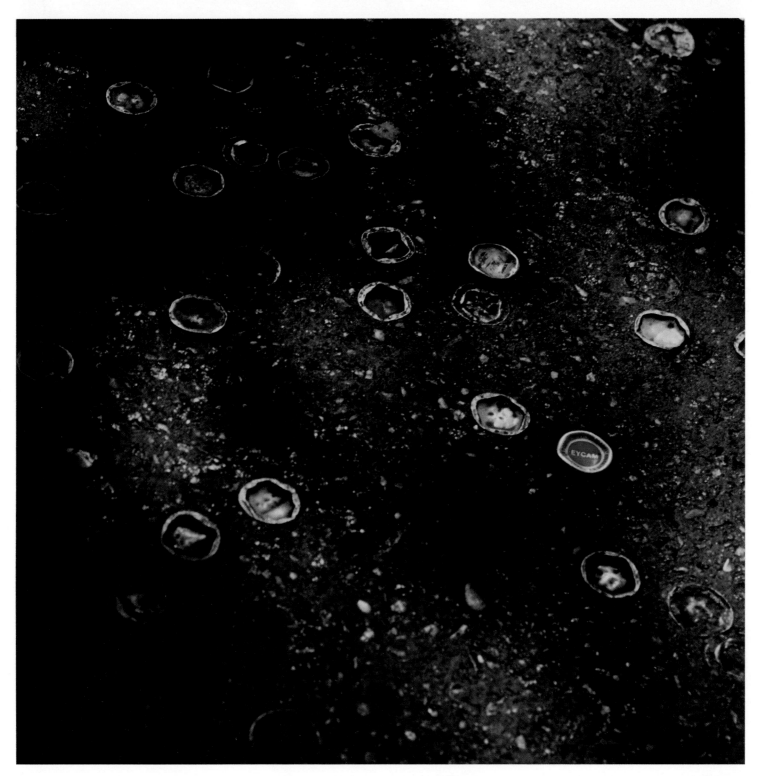

Las ciudades, cuanto más antiguas son, más cicatrices presentan. Barcelona ha sido el escenario de guerras y revoluciones y, pese a su tenacidad reparadora, no puede esconder todas sus heridas.

El pórtico de este templo con sus huellas de metralla constituye un testimonio estremecedor. Han caído muchas bombas sobre la ciudad, demasiadas, en el transcurso de toda su historia. Y ésta es una de las propiedades de las piedras: a los muertos acabamos olvidándolos (o sólo cuentan como balance estadístico). Pero las piedras tienen una memoria terrible y casi siempre se empeñan en recordarnos lo que debería recordarnos la sangre.

Y al lado, el contraste inevitable, porque la evolución de los gustos no ha hecho descubrir una cierta belleza en los objetos efímeros, en la dejadez, en la suciedad, incluso en aquello que antes se llamaba falta de civismo. Si ponemos fe, y con ganas de salvar lo que se pueda, el arabesco formado por el alquitrán y los tapones de lata nos pueden proporcionar una aproximación al éxtasis espiritual. Son los beneficios que debemos al invento del arte pobre que, entre otras ventajas, ha hecho ricos a un montón de artistas.

Las reflexiones contenidas en las páginas anteriores podrían continuar sin romper la hilación, justo en el momento de cambiar de página.

Estas imágenes sólo pueden ser consideradas como algo típico de Barcelona si el espectador se entrega a la identificación de los personajes y a adivinar a qué campaña electoral corresponden. Como en un concurso de televisión. Por lo demás, en cuanto al interés estético de un cartel rasgado, de la propaganda sobrepuesta y de la mezcla de propuestas gráficas en despiadada competencia, en el juego de tapar al adversario cueste lo que cueste, el espectáculo es de lo más corriente en todo el mundo. En unos lugares más que en otros (las cosas como son) porque los niveles de formación ciudadana son distintos.

Pero persiste la turbadora invitación a encontrar belleza en elementos de decrepitud que, hasta no hace mucho, la gente encontraba más bien feos, desaliñados. La cosa sigue en liza y no creo que nadie sepa con claridad hasta dónde puede llevarnos.

El Palau de la Música Catalana es considerado como uno de los principales conjuntos del modernismo catalán. Tiene una capacidad para más de 2.000 espectadores y es internacionalmente famoso.
Construido por Lluís Domènec i Montaner entre 1905 y 1908, con la colaboración de los escultores Miquel Blay, Eusebi Arnau y Pau Gargallo, los mosaístas Mario Maragliano y Lluís Bru, el cristalero Granell y el pintor Miquel Massot.

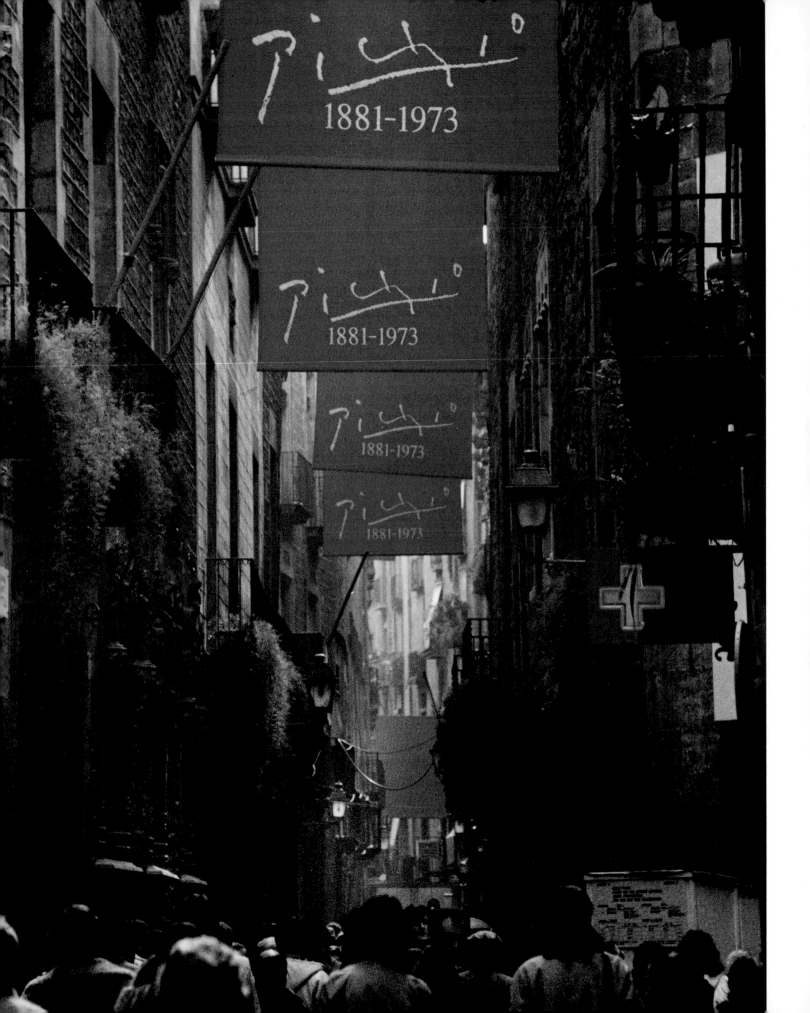

Barcelona y Picasso han mantenido relaciones muy estrechas, francamente cordiales. Uno de sus biógrafos más conspicuos ha afirmado que Picasso no podría comprenderse sin la influencia catalana. Puede que sea totalmente cierto.

Picasso cursó estudios en la Llotja y tuvo talleres en las calles de la Plata, Escudellers, la Riera de Sant Joan... Picasso se dejó fotografiar con barretina, en una foto que ha tenido mucha difusión. Y siempre que iban a visitarle amigos de Barcelona introducía en la conversación las palabras catalanas que conocía.

Barcelona le ha correspondido y le ha sido fiel. Uno de los dos museos Picasso que hay en el mundo está aquí, y parece que el otro, el de Antibes, no es, ni con mucho, tan importante. Barcelona le ha dedicado a Picasso un monumento que, dejando a un lado unas cualidades artísticas que son objeto de controversia, cuenta con avances de técnica moderna que suponen riesgos de funcionamiento. Seguro que lo arreglarán y que, al final, todo irá bien.

Barcelona, puntual, celebra todas las efemérides picassianas. Adorna calles en su honor, organiza ciclos y exposiciones y va editando libros sobre el genio constantemente.

Picasso fue un trabajador infatigable: se dice que produjo unas 35.000 obras que han sido esparcidas por todo el mundo. El Museo Picasso de Barcelona contiene muestras muy significativas de su arte y ha sido construido en un punto obligado en la ruta de los visitantes de la ciudad.

El suelo y las sombras casi siempre van unidos. Los urbanistas remodelan los diseños del suelo. Pero las sombras cambian menos. Los personajes, los actores, en cuanto a las sombras que proyectan, son –o serían– más difíciles por lo que respecta a su ayuda para identificar la época a la que pertenecen. A la izquierda, la silueta del perro debe ser más o menos como siempre, y las piernas de su dueño lo mismo podrían calzar botas de mosquetero que vestir pantalones tejanos. Afortunadamente

tenemos el dibujo del suelo que nos da una pista inmediata.

A la derecha, la sombra chinesca de una charla en plena calle, con la mancha expresiva de una mano que intenta reforzar las razones con la mímica. Y un perfil en actitud de escucha, pero como preparado para la réplica.

Se trata de sombras que deben de haberse repetido a lo largo de los años, sobre unas pantallas de cemento o de piedra que son menos constantes en su aspecto formal.

Páginas siguientes: las ciudades tienen un corazón y, si son muy grandes, tienen más de uno que van cambiando de lugar de acuerdo con el crecimiento urbano. Este fenómeno también se da en Barcelona. Pero el centro por definición, el corazón que no deja nunca de latir, es la plaza de Catalunya.

Páginas anteriores: las grandes concentraciones urbanas son unos escenarios que carecerían de sentido sin los actores que representan en ellos su peripecia humana. A menudo nos estorbamos unos a otros, pero nos necesitamos mutuamente a fin de que el guión vital de la obra llegue a tener una cierta coherencia.

Se nos ha acusado con frecuencia de ser un país de tenderos. Nos queda la duda de si debemos tomárnoslo como una ofensa o como un elogio porque –pongamos por caso– los turistas que regresan de los países del Este coinciden en apreciar la tristeza de unas ciudades con poco comercio. Si el argumento es válido, Barcelona es una ciudad muy

alegre. En las calzadas hay un sinfín de coches inmóviles, sin contar con los que circulan ininterrumpidamente. Y en las aceras, la magia de los escaparates, con su propósito más o menos acertado de llamar la atención de los peatones.

La fuente de Canaletes ha gozado durante mucho tiempo de un prestigio mítico: decían que quien bebía su agua jamás podría olvidar Barcelona. Los tiempos cambian y el agua de la fuente de Canaletes ya no es lo que era antes, en cuanto a su calidad intrínseca. Pero, como muestra la foto, todavía tiene devotos que creen en algo, y ya sabemos que la fe hace milagros.

Aquí se levantaban, hasta 1855, las torres de Canaletes, que desde el siglo XIV hacían llegar a la ciudad los canales de agua. La fuente de Canaletes era una terminal de las aguas nutridas por el chorro del Estudi General.

La fuente de Canaletes y su entorno son el punto de reunión de los fanáticos del fútbol. Hace más de medio siglo que asume este papel, y desde luego no es poco, porque la ciudad tiene un club de sus amores que la ha transtornado frecuentemente, para bien y para mal, pero siempre con gran eco popular.

En la Rambla uno puede sentarse y contemplar cómo pasan los demás. Podemos pasear por ella intentando hacer descubrimientos fantásticos, o ir a buscar libros, diarios y revistas de cualquier rincón del mundo, o quizá objetos que no encontraríamos en ninguna otra parte. Es un mercado originalísimo, donde las posibles adquisiciones no son sólo materiales, ya que hay en exposición permanente unos valores de observación humana inapreciables.

Después de caminar por la Rambla, si es posible sin prisas (esto es importante), los que saben aprovecharlo se sienten algo más ricos por dentro, aunque su cartera o su portamonedas no hayan variado sensiblemente de volumen.

La Compañía de Jesús fundó un colegio de enseñanza superior, el año 1544, en la parte alta de la Rambla.

En 1671 la iglesia anexa al colegio fue incendiada, y en su lugar se erigió el templo actual (1680-1732), de acuerdo con un proyecto de Josep Juli. La concepción de la obra se vio afectada de lleno por el estilo barroco, tan grato a los jesuitas.

En 1936, la iglesia fue víctima de otro incendio y su interior, de gran suntuosidad, quedó destruido.

Actualmente sólo quedan las fachadas que dan a la Rambla, y a las calles del Carme y de Joglar.

A la derecha, en la parte superior de la página, el reloj de la Acadèmia de Ciències i Arts de Barcelona, que cuenta con la confianza horaria de los barceloneses. Es prácticamente imposible pasar ante este reloj y resistir la tentación de verificar si llevamos hora buena. El edificio actual es el resultado de una reconstrucción efectuada el año 1887 por el académico Josep Domènec i

Estapà. En él aflora ya el modernismo. Y en la imagen inferior, un detalle de la llamada Rambla dels Ocells. Aquí no sólo podemos admirar y adquirir ejemplares del país, sino también aves exóticas, e incluso representantes de otras especies animales, generalmente pequeñas, porque la condición comercial es de jaula o de pecera.

Pero la zona, este tramo de la Rambla, cuenta siempre con adictos circunstanciales que a menudo se convierten en compradores.

Más abajo, hacia el mar, tenemos la Rambla de les Flors. Pasamos sin transición de la fauna a la flora, mientras conservamos la vocación universalista, porque junto a la producción normal de nuestra geografía, hay una cierta muestra de exotismo, plantas que requieren ir acompañadas, casi, de un prospecto con instrucciones detalladas para su correcta conservación. Los vendedores parece que son grandes expertos y nunca ahorran consejos al comprador a fin de evitar contratiempos.

Las floristas de la Rambla son una institución barcelonesa, gozan de la simpatía popular y han sido un tema tratado cordialmente por la poesía y la dramaturgia catalanas. Se produjo un fenómeno inquietante al sustituir los antiguos puestos (que por lo visto no eran suficientemente funcionales) por los modernos lugares expendedores, pensados de acuerdo con avances técnicos y estéticos cuyo peso no es imposible ignorar. Muchos barceloneses, fuertemente tradicionalistas, de momento protestaron. Creían que lo que habíamos ganado por un lado lo habíamos perdido por otro, y que este tramo de la Rambla nunca más volvería a ser lo que fue.

Afortunadamente, la Rambla tiene un poder de seducción que la hace resistente a las modificaciones temporales. Es como si poseyera un sentido muy profundo de la eternidad y se aferrara a él obstinadamente. Los hay que creen (y que los dioses les escuchen) que mientras exista Barcelona tendremos Rambla de les Flors. Por el momento, los hechos les dan la razón a los esperanzados y a los optimistas, porque pocas ciudades de la tierra conservan ferias al aire libre con una carga tan fina, tan desinteresada en relación con el materialismo acaparador. La concurrencia no tan sólo se mantiene, sino que aumenta a medida que va creciendo la ciudad. Y nos acompañan en esta participación los forasteros que nos visitan.

Siguiendo en dirección al puerto, el paseante tropieza con una síntesis impresionante, pragmática, de lo que acaba de ver unos metros antes: el mercado de Sant Josep o de la Boqueria. Los animales de piel o pluma, los de escamas y los productos vegetales ya no necesitan en esta etapa jaulas, peceras o macetas: podemos decir que han pasado a mejor vida para que la vida prosiga. En este lugar, las recetas de cocina predominan abiertamente sobre los consejos encaminados a conservar la existencia de las especies inferiores. El mercado de la Boqueria ha tenido una evolución cachazuda: se inició en 1840,

por lo visto al aire libre, y no fue dotado de su cubierta metálica hasta 1914. Pese a ello, estos tres cuartos de siglo han ido dejando señal de su paso en los estilos cambiantes de los barceloneses, como lo demuestra este vitral de regusto modernista.

Como modelo arquitectónico digno de admiración, el mercado de la Boqueria no ha resultado, ni con mucho, tan favorecido como el del Born y el de Sant Antoni.

Por contra, quién sabe si en virtud de una insondable ley de las compensaciones, ha tenido siempre fama de enorme surtido: el prestigio entre los barceloneses en

cuanto a la posibilidad de encontrar lo que sea y en óptimas condiciones. Es posible que este prestigio se haya prolongado más allá de las realidades impuestas por las crisis periódicas, pero cuando una fama se consolida es difícil frenarla.

La foto del puesto de frutas, bien actual, parece acreditar que el mercado no se ha dormido en los laureles y que tiene todavía mucho que ofrecer, sobre todo si tenemos en cuenta que este documento gráfico sólo es una muestra muy reducida de todo cuanto hay en el mercado para satisfacer el paladar y procurar la subsistencia.

Uno de los pocos edificios que hay en la Rambla con méritos de monumento nacional es el palacio de la Virreina. Es de estilo rococó, y lo mandó construir un personaje curioso, Manuel d'Amat i de Junyent, que entre otras circunstancias dignas de ser reseñadas era tío de Rafael d'Amat i de Cortada, quinto barón de Maldà y autor del célebre libro *Calaix de sastre*.

Manuel d'Amat i de Junyent fue militar y político, con una carrera brillante que culminó al ser nombrado virrey del Perú y presidente de la audiencia de Lima (1761-1776). No es difícil imaginar que eran cargos propicios para aumentar sus

riquezas de familia. Sin duda con espíritu previsor, pensando en su retiro en Barcelona (el virrey había rebasado los setenta), ordenó la construcción en 1772 de un palacio en la Rambla, dedicado a su esposa Maria de Fiveller i de Bru, quizá como desagravio por los amores que el virrey había tenido con la actriz peruana conocida por la Perricholi. Encargó los planos a Josep Ausich, pero se sabe que Manuel d'Amat i de Junyent, desde el Perú, dirigía las obras a base de instrucciones muy detalladas, que tenían que hacer la travesía del Atlántico a bordo de veleros y confiadas a enviados especiales. Queda colonial y romántico.

Los escultores Carles Grau y Francesc Serra colaboraron eficazmente en la ornamentación, y entre unos y otros consiguieron una obra muy digna. Actualmente, el palacio de la Virreina alberga el Museo de las Artes Decorativas, el Museo Postal y Filatélico y la Colección Cambó.

El dragón oriental con un abanico en el lomo y el balcón con un paraguas de hierro son otra historia: obedecen a gustos y motivaciones distintas. Son –o fueron– la muestra de una famosa empresa que vendía abanicos, paraguas y bastones, y a cuyos propietarios les dio por la inspiración chinesca.

Uno de los elementos característicos de la Rambla son los gorriones. En algunas épocas del año, y puede decirse que hasta hace bien poco, sus píídos han llenado todo el ámbito sonoro de la avenida. La otra foto es un documento histórico de primera magnitud: el maestro Joan Miró, del brazo con su esposa, paseando sobre el embaldosado del Pla de la Boqueria, cuyo diseño es obra de nuestro genio mundialmente reconocido. El suelo de la Rambla ha estado abandonado durante mucho tiempo, siendo motivo de una cierta vergüenza colectiva.

Pero a medida que intentamos progresar en libertad y en democracia, hay un montón de cosas que se van arreglando, y esta del suelo de la Rambla es una de ellas. En general ofrece ya un aspecto presentable: podemos enseñárselo a las visitas.

El Gran Teatre del Liceu es uno de los orgullos de la ciudad. Desde su creación ha tenido una fuerte incidencia en la vida barcelonesa, no tan sólo en las notas sociales, sino también a otros niveles. Joaquim Gispert consiguió la cesión del antiguo convento de los trinitarios de la Rambla (1844) e inició la construcción de una gran sala de espectáculos. Confió la dirección de las obras al arquitecto Francesc d'A. Soler, pero un año más tarde éste fue sustituido por Josep Oriol Mestres y Miquel Garriga i Roca. El edificio consta de cinco pisos y platea, con capacidad para 3.500 espectadores, lo cual, en la época de su inauguración, en 1847, lo convertía en uno de los más espaciosos del mundo. La excelente calidad de su acústica es un hecho reconocido a nivel general.

La primera obra que en él se representó fue *Ana Bolena,* de Donizetti. En casi un siglo y medio de existencia han pasado por su escenario las figuras más eminentes de la ópera y del ballet, y en él han dirigido conciertos los compositores y directores más prestigiosos del mundo. El día 9 de abril de 1861 el Liceu fue destruido por un incendio que conmovió a toda la ciudad. Se procedió inmediatamente a su reconstrucción, con tanta celeridad y eficacia que se llevó a término en un año.

Hacia finales del siglo pasado, el Liceu era un lugar de reunión de la burguesía barcelonesa. Este hecho motivó un atentado gravísimo: el 7 de noviembre de 1893, durante la representación de *Guillermo Tell,* de Rossini, el anarquista Santiago Salvador lanzó desde uno de los pisos dos bombas al patio de butacas. Causó la muerte de veinte personas y numerosos heridos. Fue un acto de venganza por el fusilamiento de Paulí Pallàs, compañero de Santiago Salvador, condenado a muerte y ejecutado por su intento de asesinar al capitán general de Catalunya, Arsenio Martínez Campos. Las bombas del Liceu, aun hoy, son objeto de crónicas y comentarios. Pero el teatro continúa, siguiendo los altibajos de la vida de Barcelona.

La plaza Reial, con sus pórticos en recinto cerrado, es una de las más bellas de Barcelona. Pero ha tenido poca suerte en las atenciones que merece, falta que últimamente parece que está siendo objeto de rectificación.

La parte baja de la Rambla, llamada de Santa Mònica (ya tocando al mar), es quizá la que brinda un mayor abigarramiento humano. La silueta del Gran Almirante del Mar Océano, al fondo, acredita la condición marinera de esta zona. La cual, además, tuvo un neto cariz bélico hasta bien entrado el siglo XIX, ya que aquí existía una fundición de cañones y unas atarazanas convertidas en cuartel de artillería. Este último existió hasta mucho más tarde; y llevó su tiempo amansarlo y convertirlo en museo.
Como fenómeno relativamente reciente hay que reseñar que en este tramo de la Rambla se han ido concentrando unos bazares indios, que tienden imparablemente a extenderse hacia arriba. Los propietarios son indios, pero no de los que descubrió Colón, siendo bautizados precipitadamente a causa de un error de cálculo, sino indios auténticos, que tienen una marcada tendencia al barroquismo de escaparate y no dejan en la tienda espacios verdes. Curiosamente, estos comerciantes llegados de tan lejos, se han especializado en los *souvenirs* típicos (para entendernos hay que utilizar palabras que vienen también de lejos). Ahí podemos encontrar objetos horribles y otros que quizá lo sean menos, pero todos rigurosamente *typical spanish*, aunque alguno haya sido fabricado en el Japón o en Hong-Kong.
Parece que estos comerciantes han alcanzado su objetivo, porque la verdad es que los turistas –y algún autóctono cargado de buena fe– se sienten atraídos y fascinados por estos escaparates en los que hay desde vestidos completos de sevillana en días de gran feria, hasta carteles de toros en los que el comprador puede vivir la maravillosa aventura de ver su nombre impreso, alternando con los de famosos matadores. Es un sueño de gloria que puede adquirirse a tanto la pieza.
Es evidente que excursionistas como los de la foto, en este caso procedentes de los países escandinavos, deben de presumir a base de bien cuando regresan a sus casas con estos trofeos.
La Rambla de Santa Mònica toma su nombre del antiguo convento de los agustinos descalzos (1636).

Hoy por hoy, todavía no sabemos si Cristóbal Colón era o no catalán. La cuestión ha sido puesta a debate con altibajos llenos de emoción. En algunos momentos parecía que ya le habíamos echado la soga al cuello. Lo que se da por seguro es que era hijo de un tejedor de lana, indicio francamente alentador. Y el hecho confirmado por Colón de haber nacido en Génova, circunstancia que nos deja cierto margen, porque en los Países Catalanes tenemos la isla de Génova, de Tortosa, y el barrio de Génova, de Palma de Mallorca. En este último lugar –y en sus aledaños– el apellido Colom todavía existe, como existe también (con clara tendencia a amainar) el problema de los chuetas. Si tenemos en cuenta la posibilidad, ampliamente admitida, de que Cristóbal Colón era de origen judío, se entendería perfectamente que en pleno siglo xv el hombre disimulara tratando de revestir de una punta de misterio su origen, sobre todo en el tránsito de ofrecer sus servicios a los Reyes Católicos, que eran muy quisquillosos en cuestiones de este tipo. Para redondearlo, resulta que el verdadero financiero de la aventura del descubrimiento fue Lluís de Santàngel, perteneciente a una familia valenciana de judíos conversos, que buen trabajo tuvo durante toda su vida para despistar, porque algunos de sus parientes ya habían sufrido las consecuencias.

El asunto de las joyas de la reina Isabel, vendidas o pignoradas para subvenir los gastos de la expedición, parece más bien algo para adornar el papel de la monarquía. En cambio, tenemos perfectamente documentados los 140.000 maravedíes que avanzó Lluís de Santàngel para equipar las tres carabelas. Hay referencias de una carta de Cristóbal Colón a Lluís de Santàngel, escrita en catalán, cuyo original se ha perdido o es ocultado.

Por lo que pudiera ser, Barcelona ha erigido a Cristóbal Colón el monumento más alto de cuantos le han sido dedicados sobre la capa de la tierra.

De golpe y porrazo, aquel mar Mediterráneo que había sido nuestro, se nos volvió agua de borrajas. Ya que hemos hablado de Colón en las páginas precedentes y de la glorificación que le ha dedicado Barcelona, no estaría mal reflexionar sobre las consecuencias de su gesta. Si hemos de ser francos, nos partió por el eje, porque el descubrimiento de un nuevo continente orientó hacia el océano Atlántico toda la fuerza de expansión peninsular.

De aquel pescado que no podía circular por el *Mare Nostrum* sin la matrícula de las cuatro barras, han quedado unos descendientes que van a parar a las cantinas de la Barceloneta, sin patria segura, mezclados, porque incluso hay especies que proceden de otros mares. La Barceloneta es, en su aspecto actual, relativamente joven. Es el resultado del derribo del barrio de la Ribera ordenado por Felipe V como uno de los castigos por la resistencia que le habían opuesto los catalanes.

El príncipe de Parma, último hijo de Felipe V, recibió el encargo de edificar un nuevo barrio sobre las ruinas de lo que había sido un pueblo de pescadores, patrones de laúd y tripulaciones marineras. Inició las obras en 1753, primero de acuerdo con los planos de Verboom, y más tarde proseguidas bajo la dirección de un ingeniero militar llamado Juan Martín Carmeño. Parece que en 1760 la Barceloneta ya había quedado lista, con unos toques finales debidos al marqués de Mina. Actualmente, entre otras cosas también dignas de consideración, la Barceloneta es un lugar de gastronomía popular, en algunos casos muy apreciada.

En 1740, un gran temporal de mar originó un banco de arena que hacía imposible el acceso de las galeras reales al puerto de Barcelona. El problema se resolvió momentáneamente con la construcción de un canal que exigía la extracción constante de arena, siendo con todo una solución provisional. Hasta bien entrado el siglo XIX no fue emprendida la construcción de una escollera que convirtió el puerto en uno de los más importantes del Mediterráneo. Hoy, el puerto está sometido a la crisis de las vías marítimas que afecta a todo el mundo.

Al lado, nuestro mar abierto, con un horizonte que en otros tiempos fue el aliado de Barcelona. En 1266, nuestra ciudad obtenía el privilegio de nombrar cónsules en los puntos de ultramar, hecho que contribuyó notablemente a la articulación de unas leyes de carácter internacional, el famoso "Consolat de Mar", que determinaron de una manera decisiva la formación del derecho marítimo europeo.

Los cónsules de mar fueron nombrados directamente por el Consell barcelonés a partir de 1268, prerrogativa que fue mantenida hasta 1714.

Las calles del Eixample, con los rayos del
sol filtrados por la fronda de los plátanos,
constituyen uno de los grandes encantos
de Barcelona. Caminando, paseando, la
vida tiene un sentido que no abunda en
las grandes concentraciones urbanas.
Incluso el tránsito mecanizado (que casi
siempre es más intenso que el que
muestra la foto), se hace perdonar sus
incomodidades y sus impertinencias. No
del todo, por descontado, pero sí en
buena medida, cosa que se agradece.
Antes de que nos cayera encima el
concepto de funcionalidad a ultranza, los
arquitectos modernistas gozaron de una
temporada en que se levantó la veda
utilitaria. No sólo eran capaces de soñar,
sino que se permitieron hacerlo, con una
libertad que hoy nos produce una
maravillada sorpresa. No era necesario
–o no se lo exigían– que los elementos
constructivos fueran exclusivamente
prácticos. Los cristales de las tribunas no
era necesario que se limitaran a dejar
pasar la luz del día: podía confiárseles un
gran esplendor decorativo. Las barandas
de los balcones no servían únicamente
para evitar que los inquilinos se
asomaran y pudieran caer: eran una
filigrana de la artesanía del hierro.
Las fachadas se erigían no sólo para
cubrir piso sobre piso, sino que los
arquitectos aprovechaban glotonamente
los espacios para expresar su inspiración.
Sugieren una época en la que los
presupuestos no eran un obstáculo que
pudiera frenar las ansias artísticas de los
constructores.

La familia Masriera tiene un renombre casi legendario dentro del mundo artístico barcelonés. Compuesta por escritores, pintores, escultores, grabadores, joyeros, músicos y arquitectos, se han ido pasando de padres a hijos su pasión por el arte. Los hermanos Masriera i Manovens (Francesc, 1842-1902, y Josep, 1841-1912) se hicieron construir un estudio monumental en la calle Bailén. Se inspiraron en el estilo de un templo corintio y convirtieron el edificio en taller. Lo bautizaron con el nombre de teatro *Studium*.

Durante mucho tiempo, el estudio helénico de los hermanos Masriera se convirtió en centro de reunión de prestigiosos intelectuales y de la flor de la alta burguesía autóctona, muchas de cuyas damas encargaban su retrato al óleo a Francesc.

El otro edificio es más difícil de clasificar, pero es el exponente de la libertad urbanística en que ha crecido Barcelona. Quizá es de inspiración asiria, acaso babilónica (que sería congruente), y sin duda los expertos nos lo aclararían con una aproximación razonable. Pero para los profanos es difícil hacerse a la idea de que se escogiera un estilo semejante para una casa de siete plantas destinada a viviendas de alquiler mensual. El propietario, el arquitecto, o ambos a la vez, sin duda tenían una idea grandiosa de lo que debe ser una casa de vecinos.

La palabra "modernismo" parece que surgió entre nosotros el año 1884, en las páginas de *L'Avenç*. En otros países se llamaba Art Nouveau, Modern Style, Jugendstil, Stil Liberty, Sezessionstil, Style 1900, Aesthetic Mouvement... El caso es que en Catalunya, y especialmente en Barcelona, el movimiento causó un gran impacto, como si hubiera sido esperado ansiosamente.

Una de las muchas cosas que podríamos decir del modernismo es que intentó hacer poesía –y quizá música silente– con la piedra, el hierro, el cristal, con una serie de materiales aparentemente poco relacionados con la lírica. Por el hecho de coincidir con la expansión de Barcelona, el modernismo marcó fuertemente la arquitectura del Eixample, dándole un carácter muy interesante. Como todos los movimientos del arte, ha sido sometido a valoraciones contradictorias: como hemos dicho, fue saludado y recibido con entusiasmo, pero la generación que vino inmediatamente después de los modernistas lo puso en cuarentena. El Noucentisme propuso un retorno a la calma formal (o sea, una reacción contraria), unas líneas sedantes y una inspiración más reposada, como si nos invitaran a serenarnos. Parecían tener toda la razón, pero –como suele ocurrir– la razón es divisible y hay siempre varias. Llegó, fatalmente, el relevo generacional, y alguien, o muchos a la vez, consideraron que el Noucentisme era un poco frío. De un modo vertiginoso se sucedieron el cubismo, el futurismo, el superrealismo, el abstractismo y finalmente (hoy por hoy) el estallido del arte pobre, sólo accesible a la gente con dinero. Entre conmoción y conmoción, empezamos a darnos cuenta de que el modernismo nos había legado una herencia sumamente estimable, descubriendo en él valores constantes. Nombres que pasaron acaso sin pena ni gloria por la historia y por el reconocimiento colectivo, hoy son reivindicados sin que nos duelan prendas, tanto si eran autores de adornos de escaleras, de lámparas o de objetos decorativos, como si lo eran de construcciones de gran ambición.

El modernismo demostró una capacidad increíble para ligar entre sí cosas que, a primera vista, parecen difíciles de conciliar. A principios de este siglo, una señorita con un compás de puntas entre las manos y abismada ante unos planos rebeldes y una aproximación de capitel jónico, hubieran resultado, evidentemente, una imagen de ciencia ficción convertida en un delicado elemento decorativo. Más tarde, los progresos del feminismo nos han familiarizado, afortunadamente, con la idea, pero hay que reconocer que en aquel tiempo era revolucionaria.

Y ni que decir tiene lo sorprendente que resulta la ninfa con una máquina fotográfica de taller (de las que requerían un trípode sólido), sosteniéndola en sus brazos y con aspecto de hacer una exposición a pulso, a base de quitar y poner la tapa del objetivo, sin perder el porte. El solo hecho de creerlo posible tiene su mérito, y supone una gran confianza en el presente de aquella época, un optimismo exultante.

El bajorrelieve de la flor también inclina a una dulce meditación. El artista no podía conformarse con una tija convencional: necesitaba una que llenase todo el espacio que tenía a su disposición. Y se inventó una barroca, inquieta, retorcida. Es lícito sospechar que quizá todavía le quedó una cierta inquietud, porque aún quedan pequeñas superficies desocupadas, sin alquilar, por decirlo de algún modo.

Antoni Gaudí i Cornet nació en Reus el 25 de junio de 1852. Al hablar de Gaudí, de su trayectoria humana y de su obra, el calificativo de genial acude con insistencia al pensamiento. Se han intentado muchas definiciones para intentar explicarnos qué es el genio, pero ninguna resulta del todo satisfactoria. Es posible que si pudiéramos explicarlo exactamente perdería la parte más sustanciosa de su misterio, pero se han formulado aproximaciones que casi lo ponen al descubierto. Maeterlinck dijo que "la principal prerrogativa del hombre genial es que, mejor que los demás, sabe escuchar lo que susurran en su interior sus ancestros y sus sucesores". Es posible que, en principio, sirva para hacernos entender el fenómeno.

La figura de Gaudí es desconcertante. Como hombre era conservador, de misa diaria, descuidado en la indumentaria y con una vida privada sin posibles críticas. Pero como arquitecto fue un revolucionario sin medida, a menudo cercano al terrorismo artístico, en el sentido más elevado que pueda darse a la capacidad de no pararse en barras arrastrado por un ideal.

En su tiempo, Gaudí fue generalmente incomprendido, ya que hay poca gente que tenga el sentido de la anticipación, o sea, el don profético. Gaudí lo tenía. Este remate de la casa Batlló, que dentro de poco cumplirá un siglo, lo firmarían a gusto muchos escultores actuales.

Una de las obras más sorprendentes de Gaudí es la casa Milà (1910), en el Passeig de Gràcia, conocida popularmente con el nombre de "la Pedrera". Sin duda al bautizarla así se hizo con una intención peyorativa, una chispa de sarcasmo, porque la ciudadanía no estaba dispuesta a aceptar a las primeras de cambio el rompimiento sistemático de la línea recta en una fachada expuesta a la contemplación pública.

Después ya se ha visto que los juicios precipitados son temerarios: ahora llegan expertos y estudiantes de arquitectura de todo el mundo, mezclados con turistas de varias especies, quienes, si están impuestos de sus deberes y son bien aconsejados, nunca olvidan fotografiar devotamente "la Pedrera".

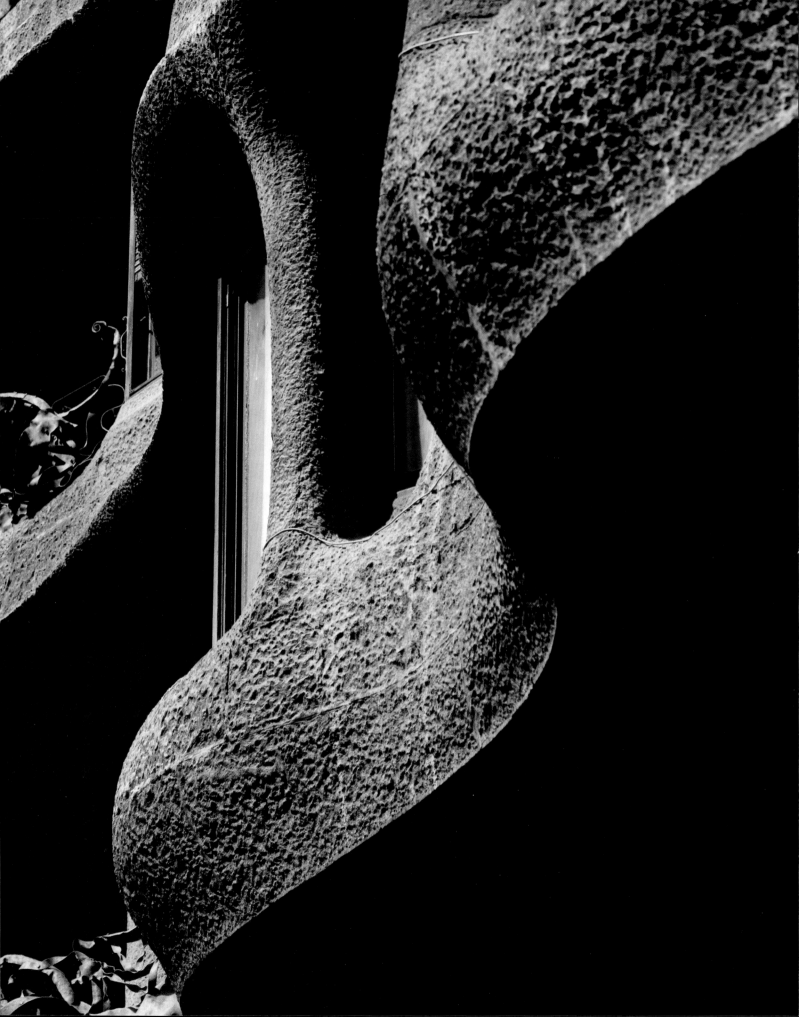

La Sagrada Família es un símbolo de Barcelona, una parte de su historia y un motivo de polémica permanente. Todo a un tiempo. Hay quien dice que hay que terminarla cueste lo que cueste. Otros son partidarios de dejarla como está y convertirla en un monumento a la memoria de Antoni Gaudí. Unos terceros, exageradamente excitados, opinan que habría que dinamitarla para que no quede nada de ella y se olvide. No podemos olvidar que Gaudí concibió la Sagrada Família como la "catedral de los pobres", y que las catedrales exigen mucha tenacidad y paciencia. Hay muy pocas (quizá ninguna) iniciadas y terminadas por el mismo arquitecto. El argumento de los que quisieran dejar las obras tal como están porque Gaudí ya no existe, se ve poco asistido por las tendencias místicas. Los dinamiteros, más que nada, buscan el escándalo y el golpe de efecto, ya que su propuesta tiene poco sentido: no es para tanto. Nos quedan, pues, los partidarios de continuar las obras, animados por el aguante que exigen las catedrales. Decirles a estas alturas que no tienen derecho a proseguir porque no tienen los planos y diseños de Gaudí es distorsionar el tema, son ganas de ignorar que las catedrales han comenzado románicas, han continuado góticas y han acabado –cuando hay constancia– renacentistas. Los constructores se han mantenido inasequibles al desaliento y al paso del tiempo, de modo que no hay para rasgarse las vestiduras.

Al fin y al cabo hay que tener en cuenta que las obras de la Sagrada Família se iniciaron con los proyectos y bajo la dirección del arquitecto Francesc de P. Villar, que emprendió la construcción del templo en 1882. El año 1883 lo sucedió Antoni Gaudí, que convirtió la empresa en el gran ideal de su vida y modificó la concepción primitiva.

A la muerte de Gaudí, ocurrida el año 1926, prosiguieron la tarea, en varias etapas, los arquitectos D. Sugranyes, F. Quintana, L. Bonet i Garí y J. Puig i Boada. Una sucesión semejante de responsabilidades, con espacios de tiempo y de criterio, sin duda se ha producido en todas las catedrales del mundo. La piedra, por mucho que nos duela, tiene una duración mayor que la vida humana.

Parece razonable asegurar que si Gaudí pudiera opinar, votaría a favor de la continuación de las obras. Y nadie puede negar que Gaudí era parte interesada...

El edificio de la Universidad de Barcelona es obra del arquitecto Elies Rogent i Amat (1821-1897). Es un conjunto pensado bajo la prevalencia de una mezcla de estilos, que ha pasado a la historia del arte con la ampulosa denominación de "arquitectura neomedieval con elementos protorrenacentistas". Elies Rogent fue un trabajador infatigable: entre otras empresas poco recordadas, hay detalles que causan sorpresa a las actuales generaciones, como por ejemplo el hecho de que este arquitecto catalán (con mano de obra catalana) fue uno de los diseñadores y constructores del distinguido Barrio de Salamanca, de Madrid.

Como institución de enseñanza superior, la Universidad de Barcelona lo ha conocido todo. Su origen se remonta al año 1401, en el que el rey Martí I de Catalunya-Aragón dotó a la ciudad de un estudio de medicina y artes.

En 1488, el canciller de medicina y artes, por disposición expresa de Ferran II, ya tenía la prerrogativa de conceder grados. En 1508, el Consell de la Ciutat reguló unos planes de estudio que incluían la gramática, la lógica y las filosofías natural y moral. En 1544 fue inaugurada la cátedra de retórica y la de griego, en 1547 la de teología y en 1559 la de leyes y cánones. En 1589 comprendía tres cátedras de gramática, una de retórica, una de griego, seis de filosofía, una de aritmética y cosmografía, seis de medicina, seis de leyes y cánones y ocho de teología.

No es que todo andara sobre ruedas, porque la Universidad de Barcelona ha sufrido todas las sacudidas de la historia del país, como por ejemplo las agitaciones estudiantiles, las discordias entre tomistas y suaristas, la Guerra de Sucesión (alumnos y profesores tomaron partido por el archiduque de Austria) y, como crisis casi mortal, el castigo impuesto por Felipe V a Barcelona, con la supresión de su Universidad, que fue trasladada a Cervera, premiando así a este último centro por haberse mantenido fiel al pretendiente borbón.

En cualquier caso, y a pesar de errores e inconvenientes, Barcelona tiene un tesón digno de reconocimiento. Después de mucho batallar, en 1835 se consiguió reinstaurar cuatro cátedras de jurisprudencia, y en 1837 la llamada Universidad literaria. En 1845, la Universidad de Barcelona ya quedaba establecida como la única del Principado. La de Cervera fue suprimida en 1842.

Estas dos imágenes presentan una simbología común que podría explicar hasta cierto punto un rasgo particular del carácter barcelonés: la mezcla de una santa inocencia con un toque de perversidad.

La llamada *Dona i ocell*, de Joan Miró, puede ser admirada –o lo que sea– en la plaza del Escorxador. Es casi seguro que el pájaro (*l'ocell*) es la pieza que hay en lo más alto, como a punto de despeñarse, y que el fragmento principal será sin duda la mujer (*la dona*), completamente pintada pero nada coqueta. Queda muy claro que el pájaro no cantará jamás (en el sentido canoro), y que la mujer no creará problemas en ninguna familia, porque aleja por completo las tentaciones de la carne. Un pájaro que no puede volar y una mujer que no puede enamorar resultan un número muy fuerte que llama la atención de adictos y adversarios. ¡Es mucho!

La otra foto, con la parte superior de la casa de vecinos que hay en la calle Llançà chaflán Gran Via de les Corts Catalanes, también es el exponente de un choque visual de primera magnitud. ¿Qué puede ocurrir de un momento a otro? ¿Aplastará la mariposa con su peso al acicalado edificio que tiene debajo? ¿O lo arrastrará cielo arriba si decide desplegar las alas? Todas estas preguntas, con el paso de los años, han tenido respuesta constante: no ocurre nada irreparable, no hay motivo de pánico. O tan sólo la carcoma de los cambios coyunturales, como el hecho de que las antenas de la mariposa se han visto desbordadas y humilladas por las antenas de la televisión. Es previsible que el futuro le reserve otras conmociones.

169

El destino de las grandes ciudades de este mundo es crecer. Con frecuencia lo hacen con cierto desorden, se comen espacios y, a veces, parece que quieran olvidar su pasado. Quizá está bien que sea así, pero es una suerte que no lo logren siempre.

Barcelona, hasta ahora, ha tenido esta suerte. Muy cerca de sus barrios antiguos, con unos itinerarios fáciles de recorrer, va del pasado al presente con una especie de euforia que indica, por lo menos, unos deseos enormes de supervivencia.

La avenida de la Diagonal cruza Barcelona de levante a poniente y es una de las grandes vías que rompen la cuadrícula trazada por Ildefons Cerdà. En la toponimia ciudadana, ha sido víctima de todos los azares políticos de la ciudad, con frecuentes cambios de nombre. Pero los barceloneses la han llamado siempre la Diagonal, con una tozudez digna de gente celosa de su identidad.

Esta imagen podría corresponder a cualquier gran ciudad de Europa o de América, de no ser por las torres de la Sagrada Família recortadas sobre el Mediterráneo. Afortunadamente, Barcelona cuenta con otros factores que la salvan del anonimato y de la mediocridad que marcan algunas otras enormes concentraciones urbanas de nuestra época.

Todas las ciudades del mundo adquieren de noche una magia especial. La electricidad aporta lo suyo, y los juegos de luz y sombras disimulan eficazmente algunos fallos estructurales y de urbanismo que, a la luz del día, resultan más comprometedores.

El tráfico rodado también gana en su aspecto formal: los intermitentes y los semáforos llegan a crear belleza al sumergirse en su ballet nocturno. Pero alerta con embobarnos en ello. Las legislaciones más escrupulosas subrayan la sevicia de la nocturnidad.

El texto de las páginas anteriores podría continuar aquí con elucubraciones parecidas, si no fuera porque estas dos fotos tienen como fondo la silueta de dos monumentos que destacan en el conjunto de homenajes que Barcelona ha dedicado a sus prohombres y a sus peripecias. El obelisco de la izquierda podría calificarse de convertible, porque a temporadas ha sido consagrado a la libertad y, en otras, a la glorificación de la tiranía. Con pequeños cambios, quitando y poniendo placas y esculturas de complemento, el obelisco ha sido una especie de veleta.

Pero por encima de estas inconsecuencias, la voz popular bautizó el cruce donde se levanta con el nombre de "Cinc d'oros", en principio debido a una configuración geométrica formada por avenidas, pero a la postre quién sabe si obedeciendo a un instinto premonitorio, porque es importantísimo saber quién lleva más triunfos en las manos. El otro monumento es el dedicado a mossèn Jacint Verdaguer, en la confluencia del paseo de Sant Joan con la Diagonal. Es un monumento de los que ya no se estilan, alto y espacioso, con arquitectura de apoyo, estatua del personaje, inscripciones y bajorrelieves y un recinto cerrado con jardincillo. No es excesivo: mossèn Jacint Verdaguer merece un recuerdo sólido, consistente, duradero.

Gràcia fue la más importante de las villas circundadas por el plan Cerdà. Mantuvo una pugna tenaz para obtener su independencia municipal, sin desentenderse tampoco de las luchas que Barcelona ha sostenido contra poderes superiores.
Actualmente es el distrito VIII, pero ha mantenido, afortunadamente, una

defensa activa contra la ciudad devoradora. En muchos aspectos, su carácter de villa no se resigna a convertirse en barrio. Conserva calles y plazas de un encanto particular, y unas costumbres y fiesta que no se resignan a desaparecer.
La plaza de Rius i Taulet, con la gente tomando el sol ante sus mesas al aire libre

y en actitud de saborear aperitivos o bebidas frescas, es una imagen sedante, tranquilizadora. El fragor de la gran urbe está muy cerca, pero queda lejos a causa del comportamiento reposado de estos gracienses que no se dejan arrastrar por el frenesí. Barcelona les debe uno de sus oasis.
Y he aquí la histórica campana de

Gràcia. A primeros de marzo de 1870, redobló incesantemente durante la revuelta ocasionada por la decisión del gobierno español de instaurar quintas para el servicio militar. La campana de Gràcia se convirtió en un símbolo de lucha revolucionaria, y sirvió para dar nombre a un semanario barcelonés de larga vida.

Las fiestas mayores son una tradición catalana muy antigua. Hay referencias fidedignas en el sentido de que ya se celebraban en el siglo XIII, y es posible que la costumbre fuera aún más remota. Gràcia ha conservado celosamente esta tradición, que consiste en el fomento de la alegría popular a base de olvidar los problemas de las casas para transformarlos en alegría en las calles. Estas últimas son adornadas, compitiendo entre ellas en una liza en que participa la imaginación, el ingenio y –a menudo– el espíritu crítico y satírico de los vecinos. Hay premios para los que despuntan, un factor que le da a la fiesta un tono de juego limpio altamente civilizado.

Uno de los puntos fuertes de la fiesta mayor es el entoldado, una construcción nómada, trasladable, cerrada con lonas y toldo. En él se celebran bailes con una gran capacidad de convocatoria, los cuales atraen tanto la actividad de los jóvenes como la nostalgia de los viejos. Hasta hace bien poco –y alguno queda todavía– los entoldados intentaban evocar una suerte de esplendor oriental, de tienda de gran emir islámico, con cortinajes, tapices, espejos y luces colgando del techo y profusamente adornadas, con el propósito, a la postre, de dar una impresión de gran lujo. La foto retrospectiva de la derecha muestra el interior de un entoldado en uno de los grandes momentos que justificaron su existencia. Podría ser –y quién sabe si no lo es– el mismo que describe Mercè Rodoreda en su novela *La plaça del Diamant,* refiriéndose precisamente a la fiesta mayor de Gràcia.

Como todo cambia, el arte mural improvisado también experimenta sustanciosas transformaciones. Los *grafitti* originarios se van volviendo más ambiciosos, llenan espacios más extensos y se ponen al servicio de más altos ideales. Se puede decir que no regatean pared. Y tienen cierto crédito en cuanto a su impacto publicitario, porque los partidos políticos, especialmente en tiempos de campaña preelectoral, no desdeñan las posibilidades que puede ofrecer un muro estratégicamente situado.

Y, como siempre, el contraste equilibrador. La "cobla", a no ser por el traje de los músicos, sería intemporal, nos dificultaría enormemente establecer a qué época pertenece. Los rostros sin duda han expresado siempre la misma concentración y el mismo esfuerzo facial cuando se trata de instrumentos de viento.

La reina Elisenda de Montcada se
instaló, en el año 1327, en el monasterio
de monjas clarisas que ella misma había
fundado un año antes, después de
adquirir la masada Pedralbes y de
construir en ella la iglesia y el convento
de Santa Maria de Pedralbes.
La comunidad estaba formada
inicialmente por catorce monjas y
adquirió, gracias a la protección de la
reina, importantes rentas, derechos y
dotaciones. Estas últimas eran debidas
principalmente al hecho de que las
monjas eran hijas de la nobleza catalana
o de ciudadanos notables de Barcelona.
Muy pronto la comunidad llegó a tener
cincuenta religiosas.
La iglesia es un ejemplar muy interesante
del gótico catalán, y cuya ejecución se
atribuye a Bertran Riquer, que había
sido maestro del palacio real de
Barcelona y autor de la capilla de Santa
Àgata (1302-1311).
El claustro, de tres pisos y cuarenta
metros de lado, fue iniciado a finales del
siglo XIV y terminado a principios del XV.
Con el transcurso de los años ha sido
objeto de algunas reformas.
Son notables el comedor, la sala capitular
(1419) y, especialmente, la capilla de
Sant Miquel, que había sido el oratorio
de la abadesa Francesca Saportella. La
decoró Ferrer Bassa en 1346, con
murales influidos por la escuela de Siena.
Una parte del convento ha sido cedida a
Barcelona y existe el proyecto de
dedicarla a museo, como parte del
patrimonio artístico y cultural de la
ciudad.

Páginas siguientes: la avenida Meridiana
es una de las vías más anchas de entrada y
salida de Barcelona. Enlaza con la
autopista 17, hasta la frontera con
Francia.

EN EL AÑO 1821
APARECIÓ EN ESTA CIUDAD
DE BARCELONA
UNA ENFERMEDAD CRUEL
CALIFICADA
DE FIEBRE AMARILLA
QUE ARREBATÓ LA EXISTENCIA
Á MUCHOS MILLARES
DE HABITANTES.
SUS RESTOS SE DEPOSITARON
EN ESTE CAMPO SANTO.
ORAD POR SUS
ALMAS.

Páginas anteriores: Sant Martí de Provençals fue municipio hasta 1897. Más tarde, la ciudad lo atrapó y lo envolvió, pero conserva la iglesia, unas casas y unos huertos que forman una curiosa isla de aspecto rural en medio de los bloques compactos de las viviendas modernas.

La lápida con la inscripción podría ahorrar el pie de esta página. Porque lo explica casi todo.

Ciertamente, las hileras de ventanas y balcones para gente viva sobresaliendo por encima de los nichos de los muertos suscitan reflexiones aptas para filosofar: las ciudades crecen y lo invaden todo, no tienen freno.

En 1821, una epidemia de fiebre amarilla causó en Barcelona 8.846 víctimas, con gran pánico de los ciudadanos que huían despavoridos. Luis XVIII de Francia, con la excusa de establecer un control sanitario en la frontera, concentró en ella un gran número de tropas, y lo aprovechó para prestar ayuda a los grupos absolutistas del Urgell.

Las flores atenúan el efecto deprimente de las imágenes contiguas: también son mortecinas, pero se reproducen y, aunque desaparezca el ejemplar, subsiste la especie.

El Club de Fútbol Barcelona es un fenómeno difícil de explicar. Fundado el año 1899 por Joan Gamper, logró con relativa rapidez convertirse en uno de los símbolos representativos de la ciudad. Tiene una historia llena de éxitos y fracasos. Pero en general, prestándole la fe y el amor necesarios, puede considerarse que es una historia gloriosa. Y no sólo deportivamente, sino que en épocas de represión del catalanismo, los patriotas celebraban sus éxitos o lamentaban sus fracasos aun cuando no les gustara el fútbol. Y hoy ocurre todavía. Pero el caso es que los represores también han seguido la trayectoria del club con un espíritu semejante, tratándolo con frecuencia como si fuera un instrumento político. El Nou Camp, con capacidad para 125.000 espectadores, es uno de los estadios mayores del mundo dedicados a la práctica del fútbol-espectáculo. El número de socios aumenta constantemente, pasando ya de los 100.000, y de vez en cuando la junta directiva del club tiene que poner freno a las solicitudes de nuevas afiliaciones, con el fin de establecer un cierto orden administrativo. Hoy, para un barcelonés, un carnet con un número de socio bajo es como una especie de título de nobleza. Como club, el "Barça" es más que un club. Pero como equipo de fútbol atraviesa baches terribles durante los cuales es menos que un equipo. Pero la ciudad lo quiere y jamás le retira la confianza. O la esperanza, que también cuenta lo suyo.

190

La Exposición Internacional de Barcelona, en 1929, significó –entre muchas otras cosas– el apoteosis del Noucentisme. Los arquitectos, los pintores y los escultores más prestigiosos del país participaron en la construcción de edificios, el trazado de jardines y la decoración de interiores, impulsados por un arranque monumentalista. Buena muestra de ello son las torres de entrada al recinto y el Palacio Nacional.

El Pueblo Español es una de las realizaciones más afortunadas de aquella empresa. Podría calificarse de intento de antología de los pueblos hispánicos típicos. Ocupa una superficie de 20.000 metros cuadrados, y fue diseñado por los arquitectos Francesc Folguera y Ramon Raventós, con la colaboración de Xavier Nogués y de Miquel Utrillo. Todavía hoy es una de las zonas más visitadas, con el incentivo de contener la sección de Artes e Industrias Populares del Museo Etnológico de Barcelona.

El Pueblo Español es utilizado como escenario de verbenas, manifestaciones folklóricas y fiestas populares.

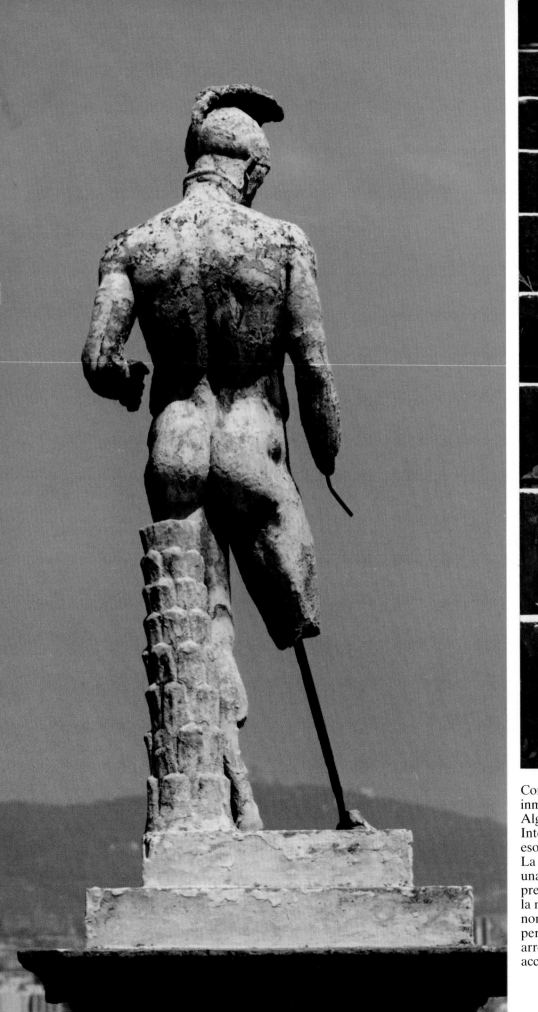

Como suele ocurrir, tenemos de
inmediato la otra cara de la moneda.
Algunos restos de la Exposición
Internacional de 1929 han terminado en
eso: sólo restos.
La estatua clásica se mantiene gracias a
una ortopedia impuesta por las lacras y
presenta una decrepitud penosa, le falta
la mano adecuada para pedir limosnas en
nombre de la lástima que produce su
perdida pierna. Pero conserva el gesto de
arrogancia y el casco de guerrero, único
accesorio de su desnudez: un recurso

desesperado, dada su desoladora vulnerabilidad.

Las gradas de piedra invitan a una mezcla de optimismo y pesimismo. La hierba que crece en ellas aprovechando las grietas significa a un tiempo dejadez (alguien tendría que haber limpiado), pero al mismo tiempo representa un canto a la vida que se aferra donde puede e incluso llega a florecer. Aunque no lo parezca, es un compendio positivo de resultados.

En conjunto, sumando las cosas buenas y las malas, la montaña de Montjuïc ha mejorado, se ha quitado de encima la fama siniestra para convertirse en uno de los lugares de recreo de la ciudad.

La antigua iniciativa de Francesc Cambó, cuando encargó a Forestier el proyecto de ajardinamiento de la montaña, en 1919, con la participación de Puig i Cadafalch en la parte arquitectónica y la de Rubió i Tudurí en las plantaciones, se vio reforzada y actualizada por la Exposición Internacional de 1929. Las ideas iniciales recibieron el apoyo de un gran empuje ciudadano. La instalación del Museo de Arte de Catalunya en el Palacio Nacional aumenta los atractivos de Montjuïc.

Páginas siguientes: pintura mural románica de Sant Pere del Burgal, actualmente en el Museu d'Art de Catalunya, en Barcelona.

La Fundación Miró constituye uno de los grandes alicientes de la montaña de Montjuïc. Instituida en Barcelona por el pintor Joan Miró el año 1971, con el propósito de crear un Centro de Estudios de Arte Contemporáneo, ha alcanzado un prestigio internacional de gran proyección. En ella se organizan exposiciones, conferencias, seminarios, estimulándose asimismo la publicación de ediciones de arte.

El edificio que alberga la Fundació Miró es obra del arquitecto Josep Lluís Sert, que sin duda acertó con un conjunto lleno de interés que, por sí solo, justifica la visita al Centro de Estudios de Arte Contemporáneo. Pero hay permanentes muestras, monográficas o colectivas, que invitan a la visita con la garantía de llenar, por lo menos, media jornada.

Páginas siguientes: dos panorámicas de Barcelona: una de cara a la montaña y la otra de cara al puerto. En ellas podemos ver algunos de los símbolos más representativos de la ciudad.

Parece que el nombre de Tibidabo, que resulta francamente exótico, arranca del pasaje bíblico que relata las tentaciones de Jesús. Dicen que el descubrimiento se debe probablemente a los monjes del monasterio del Valle de Hebrón. Por razones inextricables, la denominación tuvo éxito.

El Tibidabo es la cima más alta de la sierra de Collserola (512 m) y separa el llano de Barcelona de los valles de Vallvidrera y de Sant Medir. Por su situación es un excelente mirador de la ciudad y un parque natural muy frecuentado por los barceloneses, que lo han convertido en lugar de recreo, como lo acreditan las múltiples atracciones instaladas en el punto más alto.

En 1902 se inició la construcción, en una explanada de la cumbre, del templo expiatorio del Sagrado Corazón, obra que habría de prolongarse durante sesenta años. La proyectó el arquitecto Enric Sagnier, y es un monumental edificio neogótico, coronado por una gran estatua del Sagrado Corazón.

La montaña ofrece otros atractivos interesantes: el observatorio Fabra y el museo de física experimental La Mentora.

El hecho de subir al Tibidabo, por sí solo, constituye ya una atracción. El pequeño tranvía azul, el último de Barcelona, conduce hasta el pie de un funicular que continúa hasta la cumbre.

La colección de autómatas del Tibidabo es realmente notable. Son una mezcla de ingenuidad y poesía, y muchos barceloneses que ya sobrepasan la línea de la vejez los conservan en la memoria como uno de los recuerdos entrañables de su infancia. Acompañan a sus nietos a verlos, con el ánimo de contagiarles sus emociones y perpetuarlas. Pero muchas cosas han cambiado, los autómatas ya no son lo que eran y los pequeños se encuentran bajo la fascinación de los avances de la electrónica. La mecánica convencional, sin embargo, les brinda todavía maravillosas sorpresas.

El avión del Tibidabo aguanta estoicamente las ilusiones de los que montan en él. Es casi tradicional, una costumbre, y la hélice de dos palas –una especie de reliquia– no consigue desanimar a nadie, con ese encanto que hace olvidar a los modernos reactores.

Con la contribución de la fantasía, la altura de la montaña y un poco de voluntad, es posible volar con sólo pagar la entrada. Son unas facilidades dignas de aprecio.

El nombre del Tibidabo va íntimamente ligado al del doctor Andreu, fabricante de unas pastillas pectorales que se hicieron famosas en todo el mundo. El doctor Salvador Andreu i Grau (1841-1928) hizo una fortuna con su industria farmacéutica (una de las más importantes de la península), y por lo visto era un soñador, porque fue el impulsor de las instalaciones de la montaña, poniendo el énfasis en su parte lúdica y recreativa. El doctor Andreu fundó la Compañía Anónima Tibidabo, que se ocupó de urbanizar el lugar y de explanar la avenida del Tibidabo, lugar de partida del famoso tranvía azul.

El Parc Güell es uno de los golpes de genio de Antoni Gaudí. Fue construido en la vertiente meridional del alto del Carmel (1900-1914), por iniciativa de Eusebi Güell i Bacigalupi (1846-1918), industrial y mecenas, académico, acuarelista, estudioso de las lenguas románicas, mantenedor de los Juegos Florales, concejal de Barcelona, diputado, senador y –muy especialmente– protector de artistas y poetas. Un hombre polifacético, de los que dejan huella de su paso por la vida. Eusebi Güell le encargó a Gaudí la realización de una ciudad-jardín, con construcciones y edificios diversos, y una gran plaza con una columnata que Gaudí quiso que fuera de inspiración dórica (a su manera, evidentemente), coronada por un gran banco zigzagueante recubierto con pequeños trocitos de baldosas de colores. Es realmente notable.

El Parc Güell quería ser una urbanización privada y, desde el punto de vista económico, fue un fracaso. Puede que intentara anticiparse con exceso a su época, cosa que se paga siempre de un modo u otro. Hoy se considera como una obra de importancia internacional, y muchos expertos estiman que es una de las expresiones más altas de la vena y de la audacia gaudinianas.

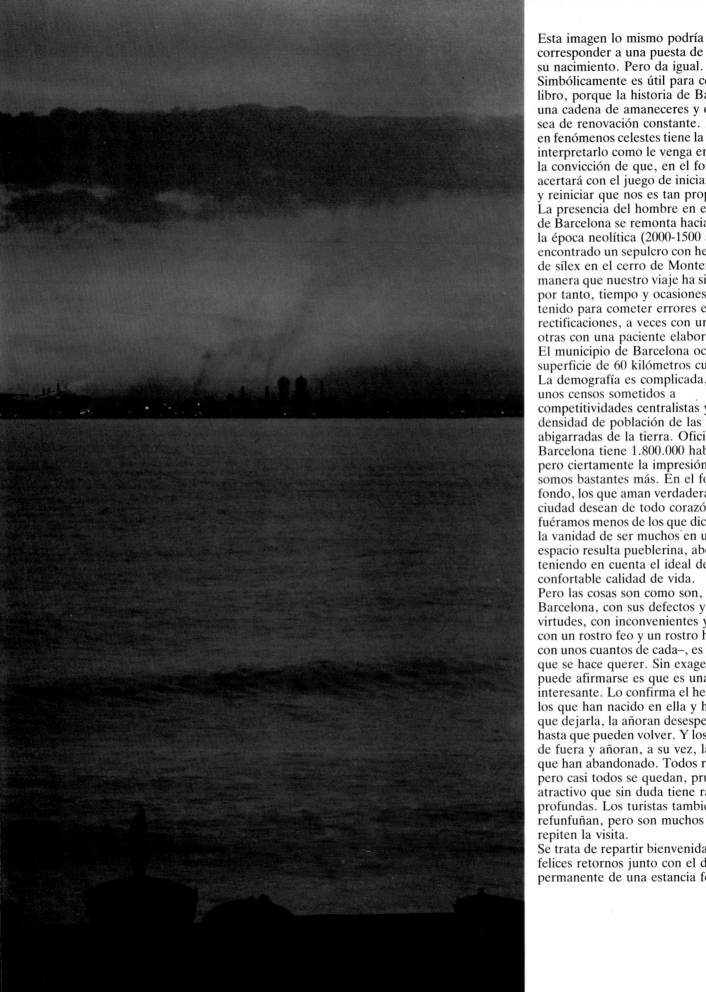

Esta imagen lo mismo podría
corresponder a una puesta de sol como a
su nacimiento. Pero da igual.
Simbólicamente es útil para cerrar el
libro, porque la historia de Barcelona es
una cadena de amaneceres y ocasos, o
sea de renovación constante. El profano
en fenómenos celestes tiene la libertad de
interpretarlo como le venga en gana, con
la convicción de que, en el fondo,
acertará con el juego de iniciar, deshacer
y reiniciar que nos es tan propio.
La presencia del hombre en el territorio
de Barcelona se remonta hacia finales de
la época neolítica (2000-1500 aC). Se ha
encontrado un sepulcro con herramientas
de sílex en el cerro de Monterols. De
manera que nuestro viaje ha sido largo y,
por tanto, tiempo y ocasiones hemos
tenido para cometer errores e intentar
rectificaciones, a veces con urgencia y
otras con una paciente elaboración.
El municipio de Barcelona ocupa una
superficie de 60 kilómetros cuadrados.
La demografía es complicada, debido a
unos censos sometidos a
competitividades centralistas y a una
densidad de población de las más
abigarradas de la tierra. Oficialmente,
Barcelona tiene 1.800.000 habitantes,
pero ciertamente la impresión es de que
somos bastantes más. En el fondo del
fondo, los que aman verdaderamente a la
ciudad desean de todo corazón que
fuéramos menos de los que dicen, porque
la vanidad de ser muchos en un pequeño
espacio resulta pueblerina, aberrante, no
teniendo en cuenta el ideal de una
confortable calidad de vida.
Pero las cosas son como son, y
Barcelona, con sus defectos y sus
virtudes, con inconvenientes y ventajas,
con un rostro feo y un rostro hermoso –o
con unos cuantos de cada–, es una ciudad
que se hace querer. Sin exagerar, lo que
puede afirmarse es que es una ciudad
interesante. Lo confirma el hecho de que
los que han nacido en ella y han tenido
que dejarla, la añoran desesperadamente
hasta que pueden volver. Y los que llegan
de fuera y añoran, a su vez, las tierras
que han abandonado. Todos refunfuñan,
pero casi todos se quedan, prueba de un
atractivo que sin duda tiene raíces muy
profundas. Los turistas también
refunfuñan, pero son muchos los que
repiten la visita.
Se trata de repartir bienvenidas, y desear
felices retornos junto con el deseo
permanente de una estancia feliz.